H.K Lenz

**Alban Stolz und die Juden**

Ein zeitgemässer Beitrag zur Judenfrage für das deutsche Volk

H.K Lenz

**Alban Stolz und die Juden**
*Ein zeitgemässer Beitrag zur Judenfrage für das deutsche Volk*

ISBN/EAN: 9783743439467

Hergestellt in Europa, USA, Kanada, Australien, Japan

Cover: Foto ©ninafisch / pixelio.de

Manufactured and distributed by brebook publishing software (www.brebook.com)

H.K Lenz

**Alban Stolz und die Juden**

# Alban Stolz

und

# die Juden.

Ein zeitgemäßer Beitrag zur Judenfrage

für das deutsche Volk

von

H. K. Lenz.

Münster in Westf.
Adolph Russell's Verlag.
1893.

Aus unserem Verlage empfehlen wir:

**Schlichter, Heinr.**, Missionspriester, **Papst Leo XIII.** Unseres heiligen Vaters Leo's XIII. Leben. Vom Beginn des Pontifikates seiner Heiligkeit bis auf die Gegenwart. Mit 89 Illustrationen. (265 S.) Lex.-8⁰. brosch. 4 M. 50 Pf., einf. geb. 5 M. 75 Pf., in Salonband 7 M. 50 Pf.
— — Ausgabe auf Kupferdruckpapier. brosch. 5 M. 50 Pf., in Salonband 8 M. 50 Pf.

Der hochwürdige Bischof von Limburg schreibt an den Verleger:

Von dem mir gefälligst mit Schreiben vom 14. c. überschickten Leobuch habe ich alsbald Einsicht genommen und mit steigendem Interesse mich überzeugt, daß dasselbe eine inhaltlich sehr reiche und durch gute Darstellungsweise sich auszeichnende Arbeit ist, welche die weiteste Verbreitung verdient und gewiß auch finden wird. Gerne werde ich auf das Werk in dem Diözesan-Amtsblatte aufmerksam machen und mich freuen, wenn dasselbe recht zahlreiche Abnehmer findet.

Limburg a. d Lahn, den 21. April 1892.

Mit besonderer Hochschätzung

† **Karl**,
Bischof von Limburg.

Eine große Anzahl ähnlicher Schreiben über das Leobuch wurden der Verlagshandlung aus dem deutschen und österreichischen Episkopat zugesandt.

**Münster i. Westf.**

**Adolph Russell's Verlag.**

# Alban Stolz
## und
## die Juden.

Ein zeitgemäßer Beitrag zur Judenfrage

für das deutsche Volk

von

**H. H. Lenz.**

Münster in Westf.
Adolph Russell's Verlag
1893.

# Inhalt.

| | Seite |
|---|---|
| Vorwort | 4 |
| 1. Einleitung | 5 |
| 2. Der Jude als Handelsmann. Der Schacher bei den Juden erblich | 8 |
| 3. Der Wucherjude | 11 |
| 4. Rücksicht, die auf die Juden in der Schule genommen wird | 25 |
| 5. Herrenjuden. Ihr Haß gegen das Christenthum. — Altgläubige Juden. Die Werthlosigkeit ihrer religiösen Übungen | 26 |
| 6. Der Reichthum der Juden. Rothschild | 31 |
| 7. Einige jüdische Eigenthümlichkeiten: Judengesicht, jüdischer Schmutz, Judenangst | 34 |
| 8. Die „guten Flecken" der Juden. Ihr Zusammenhalten. Jüdische Dankbarkeit | 36 |
| 9. Literaturjuden. Börne. Heine. Auerbach. — Felix Mendelssohn-Bartholdy | 38 |
| 10. Zeitungsjuden. Wie man sich gegen die Judenblätter zu verhalten hat | 45 |
| 11. Juda und Hiram | 49 |
| 12. Jüdische Reisebekanntschaften | 52 |
| 13. Die Juden in Oesterreich | 60 |
| 14. Die Juden des Orients | 63 |
| 15. Der Juden Schicksal, Sehnsucht nach Jerusalem und letzte Bestimmung | 64 |
| 16. Getaufte und wirklich bekehrte Juden | 70 |
| 17. Belegstellen | 75 |

# Vorwort.

Zu einer Zeit, in der die Judenfrage alle Gemüther beschäftigt, wird es gewiß nicht unangebracht sein, zu untersuchen, wie ein deutscher Volksschriftsteller, dessen einzelne Schriften in 300—400,000 Exemplaren unter Katholiken und Protestanten Verbreitung gefunden haben, über die Juden gedacht, und welche Stellung er ihnen gegenüber einzunehmen den Christen anempfohlen hat. Dies soll an der Hand seiner sämmtlichen für jene Frage in Betracht kommenden größeren und kleineren Schriften geschehen. Mehr hätte ich an dieser Stelle nicht zu sagen; nur möchte ich noch einmal darauf hinweisen, daß den Hauptinhalt die Worte eines Schriftstellers von Gottes Gnaden bilden, der nicht sich suchte, sondern Gottes Ehre und der Mitmenschen Heil, — wie sein Biograph treffend sagt, — dessen Schriftstellerei gleichsam das Ueberfließen eines an Geist und Erfahrung reichen Lebens war.

**Der Verfasser.**

1.

## Einleitung.

Hatte Gott Alban Stolz das Geschick und die Gelegenheit gegeben, mehreren hunderttausend Christen durch den Kalender für Zeit und Ewigkeit etwas „ins Ohr des Gewissens zu sagen" (wie er sich selber ausdrückt[1])*), so wollte er wohl auch in Bezug auf einen so wichtigen Punkt, wie die Judenfrage ist, nicht zu den stummen Hunden gehören, von welchen der Prophet Jesaias spricht. Zwar rief er nicht in einer eigenen Schrift zum Kreuzzuge gegen die Juden auf, wie er es doch gegen die Welschen that; auch behandelte er sie schonender als ihre Bundesgenossen, die Freimaurer, für die er besonderen „Mörtel" herrichtete, und denen er dann noch einen „Akazienzweig" widmete. Und doch bespricht einer seiner vielgelesenen Kalender für Zeit und Ewigkeit, nämlich der für das Jahr 1874, die Judenfrage auf 22 Spalten, und in fast keiner seiner zahlreichen vordem wie nachher erschienenen Schriften ließ Alban Stolz die Gelegenheit vorübergehen, ohne seinen Lesern, wenn auch manchmal nur an einem kurzen Beispiel, zu zeigen, was ihm die

---

*) Die Belegstellen sieh unter Nr. 17 auf S. 75 ff.

Erfahrung oder eigenes Nachdenken über die Juden erschlossen hatte. Alban Stolz kannte die Juden nicht vorzugsweise aus Büchern, bloß von seinem Studierzimmer aus. Er war vielmehr oft in die Welt hinausgetreten und hatte sich da keineswegs vor der Berührung mit Juden abgeschlossen. Schon in seiner Heimat Bühl, hierauf in Freiburg und in anderen Städten seines badischen Vaterlandes, sodann auf seinen vielen weiten Reisen durch Deutschland und Österreich bis in den Orient war er auf Juden gestoßen, hatte sich mit ihnen hier und da in ein Gespräch eingelassen, sie aber auch ohnedies erkannt. Seine wahrhaft großartige Beobachtungsgabe ließ ihn die Eigenart der Juden mit allen ihren üblen Eigenschaften bis in das Innerste durchschauen; und seinem Schriftstellertalente verdankte er es andererseits, das Geschaute mit Humor in seinen Tagebüchern wiederzugeben, um bei späterer Gelegenheit z. B. im Bilde einem nach Lauterkeit ringenden Christen einen unlauteren Juden zur Abschreckung vorzuhalten oder jenen vor diesem zu warnen.

Alban Stolz erwähnt zwei Juden aus seiner Heimat, der badischen „sogenannten" Stadt Bühl, mit Namen. Ob sich dieselben schon zu Stolzens Kindheit dort aufgehalten haben, oder ob er sie erst später auf Besuchsreisen, die er von anderen Orten aus in seine Heimat machte, kennen gelernt hat, darüber sind wir nicht genau unterrichtet. Vielleicht war das Letztere der Fall. Denn als Stolz im Jahre 1827 als Student nach Freiburg kam, gab es hier wenigstens noch keine Juden. „Von alter Zeit her" — berichtet Stolzens Biograph[2]) — „durfte der Jude innerhalb der beneidenswerthen Stadt

nicht einmal übernachten . . . . . Erst der liberale
Krebsfortschritt mit seinem Weltwucher und seiner Juden=
zärtlichkeit hat solchem Volksglück das gründlichste Ende
bereitet".

Doch zurück zu den beiden Bühler Juden, die Alban
Stolz der Vergessenheit entrissen hat. Der eine muß
ein überaus seltener Jude gewesen sein, wenn Stolz
sagen konnte,[3]) daß das Alter und die Krankheit selbst
am Verstand den Firniß abkratzen und der Mensch zu=
letzt (wenn's zum Tode geht) „so dumm schwätze wie
der Juden=Aberle von Bühl, der zu gering ge=
wesen ist, als daß sie ihn nur in das Narrenbuch gesetzt
hätten". Ueber den anderen Juden wird der Leser mit
mir gewiß recht herzhaft lachen. Alban Stolz erwähnt
ihn in der Auslegung der vierten Bitte,[4]) wo er den
Menschen vorhält, daß sie zu viel für den Leib und zu
wenig für die Seele sorgen, und sie dann mit unserem
Juden vergleicht. „Die Leute kommen mir hierin vor,
wie ein kurioser Jud in dem Bühler Flecken; Schlumme
[= Salomo] haben sie ihm gerufen. Der hat über
alle Maßen viel auf gute starke Strumpfbändel ge=
halten. In was für einem Zustand die Strümpfe und
die Hosen und die übrige Montur waren, das machte
ihm wenig Kreuz; wenn nur die Strumpfbändel recht
sattelfest waren. Und das waren sie auch mehr als
nothwendig; sie bestanden nicht selten aus kleinen Seilen.
War dieser Jude halbnärrisch, so sind alle die Menschen
vollnärrisch, welche sich wenig um die Seele bekümmern
. . . . Denn der Leib ist, gegen die unsterbliche Seele
gehalten, auch nicht viel mehr als ihr Strumpfbändel."

## 2.

**Der Jude als Handelsmann. Der Schacher bei den Juden erblich.**

Während der Jahre 1833—1841 bot sich Alban Stolz die beste Gelegenheit, das Treiben der Juden unter dem badischen Landvolke aus eigener Anschauung kennen zu lernen. Er war damals als Vikar anfangs in Rothenfels (am Eingang des Murgthales), seit 1835 in Neusatz (im mittleren Schwarzwalde) thätig und ließ sich an beiden Orten die Seelsorge in der hingebendsten Weise angelegen sein. Gleich in seinem ersten Kalender für Zeit und Ewigkeit, zu dessen Abfassung ihm der Gedanke noch in Neusatz gekommen war, streift Alban Stolz, wenn auch nur nebenbei, da das Thema („Mixtur gegen Todesangst") wenig günstig für ein Eingehen auf die Judenfrage war, den Handel der Juden. Wo er den schlechten Zustand des Hauswesens eines auf dem Sterbebette liegenden Lumpen schildert, sagt er nämlich[5]: „Und wenn der Jud die Geiß nicht schon lang geholt hätte, so könnte sie zum Stall hinaus, ohne daß man die Thür aufmacht, wenn noch eine in den Kloben hängt; denn das Mauerwerk ist zwischen den Balken da und dort herausgefallen". Alban Stolz wird es wohl nicht bloß einmal gesehen haben, wie „selbst die Kinder weinen, daß ihre Geiß von dem Jud bei der Pfändung ersteigert und fortgeführt wird".[6] Und in Erinnerung an solche Fälle erläßt er folgende Aufforderung an seine wohlthätigen Leser[7]: „Setz' lieber etwas daran, um einer armen Familie die letzte Kuh oder Geis aus den Klauen des Juden oder dem Rachen des Kapitalisten zu erretten, als daß du dein Almosen in Bröselein verbröckelst an Leute, die ein groß Geschrei von ihrer Armuth machen". Alban Stolz ist auch mit dem Geschäftsprincip des Viehhandel treibenden Juden wohl vertraut, daß derselbe schadhaft Vieh erhandelt, angeblich zum Schächen, und dann für gut weiter verkauft. Man vergleiche hierzu folgende beiden Stellen: „Du gleichst einer Kuh, die sich selber melkt, die sich die Euter aussauft, und zu nichts nutz ist, als daß man sie dem Schmalmetzger giebt zum Aushauen oder dem Jud zum Schächen" [8]) und: „... Du schlechter Kerl! Der bist du, .... wenn der Bauer ein Jud ist und schadhaft Vieh für gut verkauft."[9]) Auch der geschäftlichen Beziehungen des Juden zu dem Rebmanne wird von A. Stolz gedacht. „Bist du ein Rebmann: Wenn's einmal ein rechter Herbst giebt, so ein vierunddreißiger oder so ein siebenundfünfziger und das Gähr schmeckt scharf wie Schnaps, daß man vom Geschmack fast umfallt, und sie jauchzen und schießen mit Flinten und Böller in den Reben, und der Wirth vom Land thut dir ein ganz groß Gebot auf deinen Wein, vorab er ihn nur versucht hat. Gelt, da könnt' dir der Jud kommen und könnt' dir viel geben wollen für dein Rebstück, du gäbst es nicht her, weil es dir einen so edlen schönen Wein getragen hat."[10]) Oft ist aber „dem Jud schon der nächste Herbst verschrieben".[11]) Ferner deutet A. Stolz auf den Juden als Althändler nicht selten im Bilde hin. In seiner berühmten Auslegung des Sperlings-Evangeliums heißt es von dem Spatzen[12]): „Er verkauft's (das alte Gewand, wenn er ein neues bekommen) nicht einmal dem Jud oder Federnhändler, wirft's nur weg; denn er ist sorglos wie ein junger Komödiant". So veranschaulicht A. Stolz den armseligen Rock einer Taglöhnerin durch den Zusatz, daß der Jud keine fünf Batzen um ihn geben würde;[13]) und vergleicht die mißvergünstigen Gedanken und Anfechtungen, die in der Seele eines Menschen herumkriechen, mit Wanzen in einer alten Bettlade, die vom Juden gekauft ist.[14])

Die verschiedenen Arten jüdischer Handelsleute faßt auch A. Stolz unter dem allgemeinen Begriff „Schacherjud" zusammen.[15]) „Der Schacherjud versichert bei seiner Ehr', er gebe die Waar' um den halben Preis". Darauf zu bauen, sei aber das Allerunsicherste.[16]) Und wie viele bauen dennoch darauf! „Wie wollte der Jud noch gute Geschäfte machen, wenn sich der Bauer nicht von ihm anlügen ließe?"[17]) Das Geschäftemachen würde er zwar nie aufgeben können, denn es ist bei ihm erblich. „An der Menschenkreatur hat vor Allem ihren großen Antheil die Herkunft von den Eltern", — sagt A. Stolz in seiner populären Pädagogik[18]) —; „dem kleinen Jüblein sieht man ganz gut an, daß es von Juden herkommt; aber es hat nicht nur ein Judengesicht, sondern wenn es in die Höhe wachst, wird es alsbald großen Hang zum Schachern, Geschäftemachen, manchmal auch zum Wucher und Betrug zeigen. Das Jüblein hat das eben geerbt von seinem hebräischen Vater." In seinem akademischen Programm zur Feier des Geburtstages des Großherzogs von Baden, das von der Vererbung sittlicher Anlagen handelt, hebt A. Stolz die Macht jener Vererbung noch nachdrücklicher hervor, indem er behauptet[19]): „Das Kind einer jüdischen Familie, die seit vielen Generationen den Schacher trieb, wird gewiß auch dann zu diesem Geschäft und den damit verbundenen Untugenden Gelüst zeigen, wenn es noch unmündig in ganz andere Umgebung und Erziehung gebracht worden". Und selbst wenn der Jude Beamter geworden ist, treibt er oft nebenher doch noch seine „Geschäftcher" fort. [20])

---

### 3.
### Der Wucherjude.

Besonders eindringlich warnt A. Stolz den Landmann vor dem „Wucherjud". Zwar giebt er beschnittene und unbeschnittene Wucherer zu; doch konnte es ihm nicht entgehen, wie sehr die Letzteren sich in der Minderzahl befinden, und auf welche Höhe die Ersteren ihr „Geschäft" zu bringen pflegen. Im „Bilderbuch Gottes" [21]) führt A. Stolz dem Leser beim Monat April verschiedene Sorten von Kuckuck vor Augen, darunter auch einen Kuckuck, der ein silbernes Ei in ein Haus gelegt hat. Als es ausgebrütet war, ist der Vogel gewachsen und hat gefressen, alle Tage mehr, und hat nichts übrig gelassen für die Anderen. Dieser Kuckuck ist der Wucherer. „Hat einmal so ein Wuchermensch eine Familie aufgespürt, welche die Herrengelder und die verfallenen Zins nicht auftreiben kann und deshalb nahe daran ist, ihr Gütlein zu verkaufen oder ihr Häuslein zu versteigern (sie haben letzt auch Unglück gehabt mit der Kuh), so läßt sich der Wucherer bald finden. Dieser ist einer der brauchbarsten Schüler des lebendigen Satans. Er macht es gerade wie sein Lehrmeister, d. h. er be=

nutzt die Noth eines Menschen, nicht um ein Werk der Barmherzigkeit, sondern ein Werk der Grausamkeit auszuüben, um dem Bedrängten einen Strick um den Hals zu werfen und ihn dran zu schleppen und zu würgen, wie ein ungeduldiger Metzgerknecht das Kalb. Die Seele will der Wucherer freilich nicht; denn er fragt nach der eigenen Seel' nichts, aber dein Hab und Gut will er. Wenn er nur einen Thaler dir leiht, so ist dieser Thaler schon das Kuckucksei, welches er dir in's Nest legt; das Geld sitzt still und frißt erschrecklich viel, nämlich Zins um Zins und viel mehr, als gesetzlich erlaubt ist; der schlechte Kerl begehrt sogar, daß du auf den Schuldschein eine größere Summe schreibst, als er dir giebt. Und je größer deine Noth wird, je weniger du mehr einen Ausweg weißt, desto schwerer und unverschämter macht er die Bedingungen, wenn du Geld von ihm willst, oder er dich nicht einklagen soll. So ein rechter Wucherer nimmt seinen bedrängten Nebenmenschen in die Hand, wie einen Kolben Welschkorn [Mais]; er wirft ihn nicht eher weg, bis er das letzte Körnlein daran ausgemacht hat, und der Kolbe blutt und bloß ist und so leicht, daß ihn schier der Wind fortblast. Ich weiß zwar nicht alle Künste, welche die Wucherer anwenden, und es giebt vielerlei Gattungen, so z. B. die Kornwucherer und die Schnapsbrenner, welche in theuern Zeiten Brot und Kartoffel noch theurer machen; und die Fabrikanten, welche den Arbeitspreis so herabdrücken, daß die Leute fast dabei verhungern und noch Gesundheit und Augen um das Sündengeld zu Schanden richten; — aber das weiß ich, daß ein Wucherer der ruchloseste Kuckuck in einem Ort ist und

meistens schlechter als ein Dieb. Der Dieb' stiehlt meistens aus Noth; der Wucherer ist nicht in Noth, wohl aber legt er dem einen Fallstrick, welcher Hülfe sucht in der Noth, und stürzt ihn in größeres Elend noch."
Daß diese Worte hauptsächlich auf die Wucher treibenden Juden gemünzt waren, wenn auch nebenbei auf einige „wurmstichige" Christen, erhellt aus der ausführlichen Besprechung des Wuchers in einem späteren Kalender, der von „Armuth und Geldsachen" handelt. Hier beschreibt A. Stolz u. A. „mit einiger Umständlichkeit" jenen Abweg, auf welchem so manche Bauernfamilie zwar auf unschuldige, aber immerhin unvernünftige Weise in Angst, Armuth und Elend geräth, in einem besonderen Kapitel, dem er die Überschrift „die Judengasse"[22]) gegeben hat. Im Eingange dieses langen Kapitels erklärt er ausdrücklich, daß er namentlich die Rebleute und Bauern auf dem Lande vor den Fallstricken der Juden warnen wolle. „Nun könnte wohl mancher Leser denken, den Kalendermann geht das nichts an, er soll bei seinem Leisten bleiben. Das sind pur weltliche Sachen, wenn Einer den Juden in's Garn geht; der Kalendermacher mag Religion predigen, aber sich nichts darein mischen, wenn ich mit dem Jud ein Geschäft machen will. -- Darauf gebe ich zur Antwort: Wenn ein ordentlicher Mensch seines Weges geht, und ein Gauner schleicht ihm nach und zieht ihm sachte sein' Sach' aus dem Rocksack; und noch weiter hinterdrein geht ein Geistlicher und betet das Brevier, und indem er aus dem Buch aufschaut, sieht er den Taschendieb, und was er treibt: soll er dann in der Andacht fortmachen und dem Mann nicht zurufen, man wolle ihn bestehlen? Das wäre eine schöne Fröm-

migkeit, welche nichts darnach fragt, wenn vor seinen Augen der Nebenmensch bestohlen wird, da er es doch verhindern könnte! So will ich es nicht machen; sondern ich will recht deutlich warnen, weil große Armuth nicht nur im Zeitlichen, sondern auch an der Seele viel schaden kann."

A. Stolz giebt nun einen Auszug aus der Schrift eines Elsässers, die im Jahre 1852 unter dem Titel „Hülfsbüchlein gegen viele Wucherjuden und etwelche Wucherchristen" bei Müller und Comp. in Herisau erschienen ist. Da A. Stolz hierdurch seine Uebereinstimmung mit dem anonymen Verfasser jenes Büchleins bekundet hat, so dürfen auch wir unseren Lesern wenigstens die Hauptstellen aus einer Schrift, welche das Gebahren der Juden schon damals so offen und so deutlich geschildert hat, nicht vorenthalten.

„Zu D. droben im Sundgau floriren die Juden wie Kirschbäume im Mai. Sie haben sich schöne Häuser gebaut mit Tapeten, Teppichen und Spiegeln, sie halten sich Kutsche und Pferde; am Sabbate putzen sie sich heraus, haben goldene Ohrengehänge und goldene Fingerringe, feine Modenkleider und feine Spitzen und stolziren durch die Straßen wie vornehme Barone. Der Sundgauer Bauer aber geht hinter seinem dürren Öchslein im Kittel einher, hat daheim einen Strohsack zum Lager und kaum Erdäpfel zum täglichen Brot, ein baufälliges Häuslein und einige Äckerlein, auf welchen er sich herumplagt, in Nässe und Schweiß und Koth fast untergeht, und froh sein muß, wenn ihn der Gerichtsvollzieher nicht zum Häuschen hinaustreibt. Der Bauer hatte vor einigen Jahren einige Äcker als Eigenthum, schönes Hornvieh im Stall und einige Dublonen in der Kiste droben in der hinteren Kammer. Am Sonntage konnte er sich ordentlich kleiden und seinen Schoppen im Wirthshause mit barem Gelde bezahlen. Bei dem Einnehmer war er nie im Rückstand; er konnte jedes Paar Jahre einen halben Acker kaufen, und war es Zeit, seine Buben und Mädchen auszusteuern, so konnte er ihnen ein schönes Stück Geld mit in den Ehestand geben. Jetzt ist das Alles dahin. Aber der Mausche zu Dürmenach, der sonst ein armer Schlucker war, dessen Vater mit altem Eisen, Lumpen und Geißenhäuten handelte, dem gehören nun die Güter, auf welchen sich der Bauer abschindet, der trinkt Kauscheren erster Qualität und giebt seiner gelbhäutigen Esther einige tausend Franken Renten mit, wenn er sie an einen beschnittenen Schacherer verkuppelt. So geht's aber nicht bloß im Sundgau, so geht's auch drunten im Niederlande, so drüben am Gebirge, so hüben am Rhein. **Ueberall ist's mit dem Vermögen, den Gütern, dem Stolz der jüdischen Handelsleute im Zunehmen, bei den Christen aber im Abnehmen.** Schade, daß mir eben der Name eines gewissen Schacherers zu Maursmünster nicht beifällt! Der war vor zehn Jahren blutarm und klapperdürr, so daß man ihm die Zeitung durch die Rippen hätte lesen können. Heute übersteigt sein Vermögen mehrmal hunderttausend Franken; er reitet auf einem glatten Fuchs im Lande umher, kauft alle feil werdenden Grundstücke, Wiesen und Gärten und besitzt einige der schönsten Häuser seines Wohnortes. Der Frommel zu Maursmünster, der Jausef von Dettweiller und der Schaie von Hagenau floriren wie der Mausche von Dürmenach, und ein paar tausend Menschen, ihre Nachbaren und Landsleute, mit welchen sie Geschäfte treiben, sind total, komplet und von Grund aus ruinirt. Ihr Leben hängt nur noch an einem Fädchen, das der Gerichtsvollzieher auf des Mausches Befehl heute oder morgen abschneiden kann; dann können sie den Bettel= sack umhängen und vor der Leute Häusern ihr Vater unser beten, um ein Stück Brot zu bekommen. Nur mögen sie sich hüten, an dem Fenster des Mausche an= zuklopfen; der hat genug für sie gethan, er hat ihnen ja Geld geliehen und eine Kuh in den Stall gestellt.

Wie treiben es aber die Juden, um so reich zu werden? Haben sie gearbeitet und geschwitzt? Sind sie frühe Morgens am Ambos gestanden und spät in der Nacht bei der Oelampel gesessen? Haben sie Nässe und Hitze und Kälte getragen mit den Fuhrleuten, oder Besen gebunden und Holz geholt mit den Waldbewohnern? Haben sie einen Hammer oder Dreschflegel geschwungen oder eine Nadel, eine Axt oder eine Ahle geführt? Haben sie den Pflug gehalten oder im Rebberge gehackt, Kartoffeln gesetzt und Wiesen gemäht, gesägt, gefeilt, ge= raspelt, polirt und geklopft? Sind sie dem Vaterlande nützlich geworden, sei es auch nur durch Bahnwärterdienst? Haben sie ihren Mitbürgern geholfen, gedient; haben sie selbe gepflegt, belehrt, getröstet? Nein, das nicht, das Alles nicht, das Alles millionenmal nicht. Sie haben also Niemandem etwas Nothwendiges, Gutes, Nützliches, Angenehmes geschafft. Dennoch sind sie reich geworden, unendlich reicher als die Christen, reich auf Unkosten der Christen, und eben was diese erarbeitet, erspart, erschwitzt und mühselig aus der Erde gezogen haben, das ist's, womit mehrere Juden sich bereichert haben. Wie ist's nun gekommen, daß gerade das Pferd den Hafer nicht bekam, welches denselben verdiente, indeß die faule, träge Mähre, die kein Glied geregt hat, den ganzen Hafersack an sich gerissen hat? Es ist so gekommen erstens durch die Kniffe und Spitzbübereien mehrerer Juden und etlicher Wucherer und durch die Dummheit der Christen."

Dies wird nun zunächst an dem **Viehhandel** gezeigt. „Hätten wir doch eine Kuh! So höre ich einen armen Taglöhner sagen. Nun, dem wird der Jude aus der Noth helfen. Er stellt ihm ein Kalb in den Stall so lange, bis es zu dreien steht, d. h. bis das Kalb eine Kuh geworden ist und zwei Kälber geworfen hat. Da treibt denn der Jude ein klapperdürres struppiges Kalb auf, dem man leichtlich alle Rippen im Leib zählen kann und das höchstens seine 40—50 Franken werth ist. Der Jude schlägt's zu 60—70 Franken an und giebt's dem Christen in die Pflege. Der will aus der Schindmähre etwas ziehen und besorgt sie besser als seine leiblichen Kinder. So wird aus der Kuh ein ordentliches Thier, das einige Maß Milch giebt, wenn es einmal ein Kalb geworfen hat. Nach zwei bis drei Jahren hat es zum zweiten Male geworfen, und jetzt klopft der Mausche an; er will seine Kuh wieder und will den Profit mit dem Christen theilen. Vor Allem bekommt der Jud die 60—70 Franken, zu welchen er das Kalb angeschlagen hat. Ferner die Hälfte der Summe, welche die Kuh jetzt mehr werth ist, als sie anfangs war; das kann sich auf 20—30 Franken belaufen. Drittens führt der Jude eines der Kälber mit fort; wiederum ein Werth von 25—30 Franken. Also bezieht der Jude eine Summe von 120—130 Franken. So haben ihm die 40 Franken, die er als Kapital vor zwei Jahren angelegt hat, 130 junge gemacht. Diese 40 Franken hätten ihm, wenn er sie auf Zinsen gelegt hätte, in zwei Jahren 4 Franken getragen; er steckt sie in seinen Handel und streicht 130 ein. Es können aber hundert Fälle vorkommen, die den Handel dem Juden noch einträglicher machen. Vielleicht hat der Christ kein Geld. Nun dann nimmt der Jude die Kuh und das schönste Kalb mit. Vielleicht hat die Kuh ein Fehl. Da hat der Christ die Ehre, der Kuh einige Monate lang Kost und Logis umsonst zu geben. Will er sie wieder los werden, so muß er durch ein Stück Geld den Schacherer bewegen, sein fehlerhaftes Stück Vieh zurückzunehmen. Hat der Christ, wenn die anberaumte Frist herum ist, gar kein Geld, so leert ihm der Jude komplet den Stall. Bittet der Christ inständig, er möge ihm doch die Kuh lassen, so muß er einen Wechsel ausstellen oder eine Obligation auf sein Haus annehmen und in den Kauf sein vorräthiges Getreide herausgeben. Nach Verlauf einiger Monate, wann die Schuld zu einigen 100 Franken angewachsen ist und nicht bezahlt werden kann, so wird hinten an die Hunderte eine Null gesetzt, das macht dann Tausende. Wie kann aber ein Taglöhner Tausende bezahlen? Jetzt kommt der Jude mit Spieß und Stange, und der Mann, der nicht zahlen kann, muß von Haus und Hof weg." Aehnlich geht es beim Pferdehandel zu. Wie oft wird der Bauer mit einem fehlerhaften Pferde angeschmiert und kann noch froh sein, wenn der Jude die Mähre gegen eine Entschädigung zurücknimmt. „Anders greift's der Schacherer an, wenn er dem Bauer eine schöne Kuh oder ein hübsches Pferd abkaufen will. Er bietet eine sehr geringe Summe und schickt, wenn er sich entfernt, ein halbes Dutzend Schmuser einen nach dem andern dem Bauer; jeder bietet etwas weniger als der erste, und so kommt zuletzt der Bauer auf die Meinung, daß er sein Thier um den ersten Preis losschlagen müsse, wenn er's nicht behalten wolle."

Von den Künsten, welche der Jude aufbietet, um den Landmann zu bewegen, mit ihm Geschäfte zu machen, giebt der Elsässer folgende ergötzliche Schilderung: „Was ist das für ein Kerl, der faul durch die Straßen schlendert, an den Häusern hinaufblickt, in die Höfe hineinguckt und den Leuten frech in's Gesicht schaut? Er hat eine Peitsche auf dem Rücken oder einen Knüttel in der Hand, sicherlich aber eine Bluse und eine sammtne Jacke an. Schau, wie er die Nase in die Luft hinaushebt, um nach einem Geschäfte zu spüren; wie er blinzelt, wenn er etwas entdeckt hat und jetzt in das Haus hinein oder auf den Mann los schießt, mit dem was zu machen ist. Wie er so höflich sein Kompliment macht und eine hündisch freundliche Miene schneidet; wie er redet und schwört und schwenzelt und plappert und lacht und von seiner Treue spricht; wie er auf seinen Mann eindringt, ihn bei den Knöpfen faßt und ihm goldene Schlösser vormalt, und welch ein schönes Geschäft er expreß für ihn habe. Der Mann läßt sich vielleicht nicht gleich überrumpeln; aber der Jude hat ihm scharf in's Aug' geblickt, und gemerkt, daß es ihm doch gelingen werde. Er setzt ihm von Neuem zu, spricht ihm von seinem seligen Vater, von seiner Frau, von seinem schönen Hof und seinen Gütern, und wie er nur noch dieses oder jenes Feldstück zu kaufen brauche, um der erste Mann der Gemeinde zu werden. Der Mann wehrt sich immer noch), aber stets schwächer und unentschlossener. Der Kerl attackirt noch einmal, erzählt, wie er dem Peter oder dem Sepp habe das Geschäft übergeben können, aber nicht gewollt, weil er's ihm, seinem Manne und alten Bekannten, allein gegönnt habe. Was ist das für ein Kerl? Nun das ist ein Schmuser. Er ist eben daran, einen ehrlichen Mann in einen dummen Handel zu verwickeln, und es muß ihm gelingen; denn er schwätzt so viel, daß dieser zuletzt den Himmel voll Baßgeigen hängen sieht und einschlägt, ohne recht zu wissen und zu bedenken, was er thut." Im Anschluß hieran wird das in Bayern umlaufende Sprichwort citirt: "Der Mann ist verloren, der Jude schaut bei ihm zum Fenster heraus".

"Der Wucherer macht sich auch an junge wilde Bursche von guten Familien, bietet ihnen Geld an und drängt ihnen solches auf, läßt sich aber dafür einen Wechsel ausstellen, den er von Termin zu Termin verdoppelt. Es war im Oberlande so ein Wildfang, der gerne den Großhans spielte; das Geld ging ihm aber aus. Da lief er zum Juden, bekam 80 Franken und stellte demselben einen Wechsel von 100 Franken auf das nächste Vierteljahr aus. Nach Verlauf des Termins waren die 80 Franken weg, der Bursch konnte nicht zahlen. Schmule drohte demselben, die Sache vor seine Eltern zu bringen. Der Bursch gab eine Handschrift von 500 Franken, um ihn zum Schweigen zu bringen. Bald darauf kam es zu einer Heirath; der Bursch schwamm in Seligkeiten. Der Schmule drohte, der Braut die Handschrift vorzuhalten. Unser Bursch bequemte sich, seine Schuld zu verdoppeln. So ging's fort. Nach zwei

Jahren mußte der Bursch seiner jungen Frau mit Schamröthe gestehen, daß er 2000 Franken dem Schmule schuldig sei und doch nur 80 erhalten habe! Im Sundgau wohnt ein Jude, der ist gewesen Militär, ißt Kasserle und trinkt Unkauschern, heißt Salomo und beutet den Leichtsinn der Bursche seiner Gegend aus. Er hat keine Mores, macht Späße, führt eine Weinwirthschaft und zieht die jungen Leute an. Er giebt ihnen zu trinken, so viel sie wollen, und giebt ihnen noch Geld für andere Pläsir; nur müssen sie ihm einige Wechsel unterschreiben, die nach und nach Junge machen, so daß am Ende, wenn die Bursche ihr Väterliches erben sollen, nichts mehr bleibt, was nicht schon dem klugen Salomo verschrieben wäre."

„Nach all' dem giebt's für mich" — so ruft der Elsässer voller Entrüstung aus — „nichts Unbegreiflicheres mehr auf der Welt, als die Dummheit und die schreckliche Verblendung meiner Landsleute. Sie werden belogen, bestohlen, geplündert, geschunden, gemartert von Wucherern und jüdischen Schacherern; sie verfluchen dieselben, so oft sie von ihnen reden; sie drohen, sie mit Haut und Haaren aufzufressen, und gleich darauf binden sie wieder mit ihnen an und lassen sich auf's Neue prellen. Wenn sie Narren und Thoren bloß für sich sein könnten, könnte man sagen: Nun, ihr habet, was ihr gewollt habet; aber diese Thorheit bringt auch Armuth und Kummer über Weib und Kinder, und daß sie dennoch sich nicht die Schuppen von den Augen reißen und das Stroh aus dem Gehirne schlagen, ist für sie eine unverantwortliche Missethat und eine Narrheit ohne Grenzen." Hierauf legt er seinen Landsleuten die pein-

lichste Befolgung nachstehender 6 Gebote dringend an's
Herz: 1. Du sollst mit keinem Wucherer und Juden
Handel treiben. 2. Gedenke, daß du kein Geld lehnest
vom Wucherjuden. 3. Hüte dich, eine Kuh auf Anschlag
in Kost zu nehmen. 4. Hinaus, Hals über Kopf mit
dem Schmuser zur Thüre hinaus, gleich), auch kein Wort
laß ihn sagen. 5. Verkaufe nicht auf Wiedererlös.
6. Gedenke, daß du keine Handschrift von dir gebest,
bevor ein gescheidter Mann die Schrift gelesen hat.

Auf den Auszug aus dem Elsässer Büchlein, aus
dem wir nur wieder einen Auszug gemacht haben, läßt
Alban Stolz in ebendemselben Kalender[20]) unmittelbar
sein „eigenes Urtheil wegen der Judenschaft" folgen.
Ehe wir dasselbe wiedergeben, bitten wir den Leser, zu
beachten, daß wir hier in der Hauptsache nur eine ge=
drängte Zusammenfassung derjenigen Punkte vor uns
haben, die für den Landmann im Verkehr mit dem ge=
schäftelustigen Juden von Wichtigkeit sind. Zwar wird
außerdem noch Allerlei vorgebracht, aber nur, weil sich
gerade die Gelegenheit dazu geboten hat. Die nicht
auf den jüdischen Schacher und Wucher bezüglichen Be=
merkungen über jüdisches Gebahren sind von Alban
Stolz in anderen Schriften auf einer breiteren Grund=
lage ausgeführt worden und werden deshalb von uns später
für sich behandelt werden. Die „guten Flecken" aber,
die A. Stolz an den Juden entdeckt haben will, kommen
nicht sowohl den Letzteren, als vielmehr jenem zu Gute,
der damit seine Vorurtheilslosigkeit auf das Glänzendste
darthun. Auch von ihnen wird in einem späteren Kapitel
noch die Rede sein. Alban Stolz's Urtheil ist in 5 Para=
graphen aufgesetzt und lautet wörtlich folgendermaßen:

„1. Der Jud ist auch ein Mensch, darum darf der Christ gegen seine Person keinen Haß tragen. Im Gegentheil, wenn du einen Juden hülflos in Noth und Elend kennst, so sollst du nicht hinter dem Samariter zurückbleiben, sondern recht ernstlich Hand anlegen und dem Samariter nicht den Vorrang lassen in der Barmherzigkeit.

2. Es sind auch nicht alle Juden ohne Unterschied schlimm. Gefährlich sind die, welche auf die Jagd gehen, aber nicht nach Wildpret, sondern nach Bauern und Leuten, deren Geldbeutel das Grimmen oder Ohnmacht hat — am allerschlimmsten aber sind die Herrenjuden, welche in Frankfurt, Berlin und Wien die verteufelten Zeitungen schreiben und mit ihren Bankgeschäften geldfett werden bis zum Zerspringen. Darum halt' dir Alles vom Leib und auch von der Seele, was vom Jud kommt; es sind Katzenhaare daran.

3. Allein, wenn Niemand mehr mit den Juden sich in Geschäfte einließe, da kämen sie ja um ihr Brot und müßten verhungern; das kann doch kein Christenmensch begehren? Nein, sie müßten nicht verhungern, sie würden lernen arbeiten und so auf nützliche Art ihr Brot verdienen. — Mit dem Schacher und Geschäftemachen saugen sie nur die Leute aus wie die Wanzen; sie schaden damit nur und nützen Niemandem etwas als sich selbst.

4. Für Geistliche will ich noch eine besondere Warnung hersetzen, daß sie ja nicht von einer jüdischen Weinhandlung kaufen, weil sie riskiren, daß allerlei Zeug in dem Wein ist, was so wenig Wein ist, als das Spülicht, welches die Magd in den Wasserstein schüttet.

Nicht einmal dem Holzmacher sollen sie davon geben; der Jud soll ihn selber trinken, wenn er Appetit dazu hat. Freilich auch eine große Zahl Weinhandlungen, die von Unbeschnittenen geführt werden, verfälschen den Wein so, daß der Geistliche ohne schwere Verantwortung keinen davon am Altar brauchen darf.

5. Um aber recht unparteiisch zu sein, so will ich doch auch gute Flecken an den Juden aufweisen, worin viele Christen schlechter sind. Bei den Juden ist mehr Zusammenhalten; sie ehren und pflegen Vater und Mutter besser; es kommen nur ganz selten uneheliche Kinder bei ihnen vor; ein Jud trinkt nicht leicht einen Rausch; daß ein Jud ein Säufer geworden wäre, davon weiß ich kein einziges Beispiel. Der Jud haltet streng seine Religionsvorschriften in Fasten und Gebeten und Sabbathalten. Wenn er einmal Schweinefleisch ißt, dann ist er insofern kein Jud mehr, als mancher der Art nicht mehr Religion hat als ein Schwein.

Jetzt wollen wir aber die Schacherjuden laufen lassen; dem goldenen Kalb werden sie schwerlich den Rücken kehren und dafür den eisernen Hammer, Axt, Hobel oder Haue in die Hand nehmen, um damit ihr Brot zu verdienen. Wenn nur die Christen so gescheidt wären und jedem [Juden], der ein Geschäft mit ihnen anzetteln will, einsilbig sagen: Jud, pack' dich und schaff!"

Worauf es Alban Stolz im Kalender für 1874 mit seinen die Juden betreffenden Ausführungen hauptsächlich abgesehen hatte, das zeigt sich so recht deutlich im Schlußworte zum nächstfolgenden Kalender. In demselben [24]) erinnert er seine Leser „der Vergeßlichkeit wegen" an einige Gewissenssachen aus dem vorigen Ka-

lender, darunter auch daran: „Lasset keine Juden
in's Haus, die Geschäfte machen wollen; sie
sollen arbeiten".

### 4.
### Rücksicht, die auf die Juden in der Schule genommen wird.

Alban Stolz hielt es um so mehr für seine Pflicht,
in seinen Kalendern auf die durch die Juden drohende
Gefahr das Volk aufmerksam zu machen, als er wahr=
nahm, wie der Staat in den confessionslosen Schulen,
die von Katholiken, Protestanten und Juden durchein=
ander besucht wurden, auf die jüdischen Kinder die größte
Rücksicht genommen wissen wollte. Er klagt darüber[25],
daß in den neumodischen Lesebüchern der Religion aus=
gewichen werde, damit der Judenbub oder Buben von
Freimaurern nichts in der Schule zu hören bekämen,
was ihren christenfeindlichen Vätern zum Anstoß gereichen
könnte. In solchen Mischschulen, in denen sogar der
Schullehrer ein Jude sein kann[26], darf nicht einmal
das Vaterunser laut gebetet werden; denn der Juden=
bube könnte sich darüber ärgern und es dem Vater
sagen, und der alte Jude, ein Mann von Gewicht,
könnte sich beklagen bei der Schulbehörde[27]. Ja, der
Judenbub in der Schule soll bald mehr respektirt wer=
den als die Christenkinder; deswegen soll in confessions=
losen Schulen der Name Jesus Christus nicht genannt
werden, damit der Judenbub keine Uebeligkeit bekommt[28].
„Wenn der Schullehrer von Jesus Christus ein gläubiges

Wort spricht, so riskirt er, daß der Judenbub ihn beim alten Jud verklagt, und dieser sich bei der Obrigkeit beschwert und die Obrigkeit den Lehrer wegen seiner sträflichen Rede absetzt. Wenn hingegen ein Lehrer oder Schulinspector vor den Kindern Christus lästert und die Auferstehung eine Fabel nennt, so daß es dem Judenbub in beiden Ohrläpplein wohlthut bis in die großen Zeh hinunter, so hat der Staatsherodes nichts dagegen". [29])

5.
**Herrenjuden. Ihr Haß gegen das Christenthum. — Altgläubige Juden. Die Werthlosigkeit ihrer religiösen Uebungen.**

Seit dem Jahre 1842 lebte Alban Stolz nicht mehr unter den Landleuten, sondern in der Stadt: anfangs als Gymnasiallehrer in Bruchsal, vom 1. März 1843 an bis an sein Lebensende († 16. October 1883) in der Universitätsstadt Freiburg im Breisgau, wo er zuerst am Convikt, seit 1847 aber an der Akademie und zwar seit August 1848 als ordentlicher Professor der Pastoraltheologie und Pädagogik thätig war. Hier mußte er erleben, wie sich die Juden, die zu seiner Studentenzeit dort nicht einmal übernachten durften, dank der Freizügigkeit immer mehr verbreiteten. Was er dabei empfand, merkt man seinen Worten an, mit denen er beklagt, daß die Juden in allen Orten, welche bisher die Judenlosigkeit, die kostbare Freiheit, ohne Juden zu sein, besessen, gleichsam mit fliegenden Fahnen hätten einziehen dürfen.[30]) Jetzt lernte er die „Herrenjuden" kennen, die in den Dörfern nur selten anzutreffen sind, und lernte unterscheiden zwischen gläubigen und ungläubigen Juden. Während es beim gemeinen Juden schmutziger Schacher ist, der besonders in die Augen fällt, ist es bei dem Herrenjuden Religionshaß und mit den Strohblumen der Civilisation verzierte Niederträchtigkeit.³¹) Herren=Juden oder Juden mit Schweinefleisch nennt A. Stolz sogenannte ge= bildete Juden, welche nichts mehr nach ihrem mosaischen Gesetze fragen und gar keine Religion mehr haben.³²) Solche Juden glauben an keinen Gott und keinen Moses.³³) Sie werden von A. Stolz auch „aufgeklärte"³⁴) Juden genannt, und in seinem Tagebuch aus dem Juni 1855 findet sich die Stelle:³⁵) „Heute kam mir im Halbschlaf für einen modernisirten, seinen Ursprung ver- läugnenden Juden der Ausdruck: verfälschter Jude". Er verurtheilt sie am schärfsten von allen, welche ihren Glauben aufgegeben haben. „Ein Aas stinkt ärger als das andere. Ein Jude, der keinen Glauben mehr hat, ist ein moralisches Aas; desgleichen ein Katholik; des= gleichen ein Protestant. Am meisten stinkt der Jude, am wenigsten der Protestant."³⁶) Mit ihnen vergleicht er solche Christen, welche lau geworden sind, oder denen der Glaube gar abhanden gekommen ist. „Die aber, welche dem Heiland keine Ehrerbietung zeigen, und wie der Jude [am Crucifix] vorübergehen, das sind meistens Herrenleute."³⁷) „Wenn einer schwere Sünden hat, und das Gewissen macht ihm gar nicht mehr Un= ruhe oder Bangigkeit, so wenig als einem auf= geklärten Herrenjud, wenn er Schweinefleisch ißt — weh, der hat den kalten Brand in der Seele".³⁸) „Zuletzt giebt er die Religion ganz auf und lebt wie ein Herrenjude, der sich auch gar nicht mehr an die Satzungen seiner Religion hält".³⁹) Zu den Satzungen der jüdischen Religion gehört nun einmal das Verbot des Schweinefleischessens. Dasselbe ist sogar in der Anschauung des christlichen Volkes so eng mit dem Judenthum verwachsen, daß A. Stolz in Bezug auf einen wohlhabenden Bauersmann sagen konnte, sein Kamin sei kein „Judenkamin, wo kein Schweinenes drin hängt".⁴⁰) „Wenn der Jude einmal Schweinefleisch ißt, dann ist er insofern kein Jud mehr, als mancher der Art nicht mehr Religion hat als ein Schwein".⁴¹) Die Juden mit Schweinefleisch haben nur noch ein Schwänzlein von dem Judenthum, nämlich, daß sie ingrimmig die christliche Religion hassen.⁴²) Sie geberden sich liberal, weil sie auf das Wohlgefallen anderer Liberalen, z. B. des Amtmannes, spekuliren.⁴³) Sie wollen die Trennung der Kirche und des Staates. „Der Jude überhaupt kann sich nur freuen, wenn die christliche Kirche keinen Vorzug vor der Synagoge mehr hat. Weil aber jene Schweinefleisch essenden Juden insbesondere das Christenthum hassen, so freuen sie sich über Alles, wovon sie Hoffnung haben, daß es dem Christenthum Schaden bringt. Sodann hat der Jude den Vortheil, daß er in einem Staat, der sich von der Kirche getrennt hat, alle Stellen und Aemter bekommen kann; der Jude kann da Oberschuldirector, Minister\*), Amtmann, Notar werden, über Christen kommandiren und nebenher doch noch seine Geschäftcher forttreiben."⁴⁴) „Solche Beschnittene sind oft höchst unverschämt, wenn nichts dabei zu riskiren ist".⁴⁵) Ferner entblöden sie

---

\*) Exempla sunt odiosa!

sich nicht, ihren Judenbüblein und Schickselen Christ=
bäume zu machen.⁴⁶) „Auch das Christfest ist der Art
säcularisirt", — klagt A. Stolz in seinem Tagebuch⁴⁷),
— „daß mancher Herrenjud seiner Familie einen Christ=
baum herstellt und auf diese Weise das Fest mitmacht,
als wäre es bloß ein religionsloses weltliches Fest".
Die gläubigen Juden, das heißt diejenigen, welche
die Satzungen ihrer Religion halten, nennen jene
Schweinefleisch essenden Herrenjuden auch wohl „prote=
stantische Juden".⁴⁸) Alban Stolz will einen Unter=
schied gemacht wissen zwischen beiden. Wo er von dem
„Knoblauch eines ranzig gewordenen Judenthums"⁴⁹)
spricht, fügt er ausdrücklich hinzu: „Ich meine damit
nicht die mosaische Religion; denn diese ist ehrwürdig,
und ein Jude, der gewissenhaft daran sich hält, verdient
[deswegen] nicht verachtet zu werden; ich meine damit
jene Judenschaft, welche das Christenthum grimmig haßt
und selber gar keine Religion und darum auch kein
Gewissen mehr hat". Er mißbilligte die Verspottung
der jüdischen Religionsgebräuche, wodurch ein Judenbube
von einem seiner christlichen Mitschüler gekränkt war.⁵⁰)
„Der [gläubige] Jud haltet streng seine Religionsvor=
schriften in Fasten und Gebeten und Sabbathalten".⁵¹)
„Er glaubt an einen gerechten Gott und an eine Ver=
geltung, und hält auf seinen Eid, den er schwört".⁵²)
„Bei einem wahren [d. i. gläubigen] Juden weiß man
doch, daß er Ehrfurcht vor seinem Eid hat".⁵³) Aus
diesen Stellen geht zur Genüge hervor, daß A. Stolz
gegen die gläubigen Juden als solche nichts einzuwenden
hat. Indeß weist er oft darauf hin, wie werthlos ihre
religiösen Uebungen vor Gott sind. „Alle Religionen

haben Priester gehabt und Opfer; daß die Juden nun
keine Priester und keine Opfer mehr haben, sondern nur
noch Rabbiner und Synagogen, das kommt daher, weil
Gott ihren Tempel zerstören ließ und ihren Dienst
verwirft".⁵⁴) Man vergleiche auch folgende Stellen:
„Die Juden heutigen Tages haben keinen Tempel und
kein Opfer mehr, obschon dieses wesentlich zur jüdischen
Religion gehört".⁵⁵) „Alle die mannigfaltigen Cere=
monien, welche Gott durch Moses im alten Testament
angeordnet, und die von den Juden in Jerusalem voll=
führt wurden in großer Pracht, waren nur Vorbilder
von dem großen Opfer des Menschensohnes auf Golgatha.
Darum hat Gott den Tempel in Jerusalem zerstören
lassen und alle Opfer der Juden ausgelöscht, wie man
die Lichter auslöscht, wenn die Sonne aufgegangen
ist." ⁵⁶) A. Stolz hat es im eigenen Heimathsflecken
[in Bühl] manchmal gesehen, wie die Juden es halten
in ihrer Synagoge und in ihren Häusern. Und da hat
er gefunden, daß bei ihnen vielfach großer Ernst und
Eifer ist für ihre Religion, und viele Frömmigkeit und
Gottesfurcht; „und doch haben sie mannigfach unreine
und irrthümliche Lehre von Gott und wissen nicht
recht, wer Gott ist, und was Gott will, und legen sich
oft schwere Lasten und Qualen auf, weil sie meinen,
das sei Gott wohlgefällig".⁵⁷) „Die altgläubigen Juden
zehren bis auf den heutigen Tag an der Hoffnung, daß
ihr Messias doch noch kommen werde .... Und doch
wird bis an's End' der Welt niemals ein besonderer
Judenmessias kommen."⁵⁸) „Wir Christen wissen, daß
solches ein Aberglaube und thörichtes Warten ist".⁵⁹)
Alban Stolz hat einmal eine Jüdin im Gespräch

gefragt, wie die Juden es machten, um Verzeihung von Gott zu bekommen für ihre Sünden. Sie antwortete: „Wir bitten Gott durch vieles Gebet, daß er verzeihe".[60] Das Gebet thut es aber nicht — ohne Christus.

### 6.
### Der Reichthum der Juden. Rothschild.

„Ein Jud ist ein Jud; aber ihren Sabbat halten sie viel strenger als wir Christen. Sind sie deshalb arm geworden? Im Gegentheil sind sie gerade die Reichsten in Karlsruhe und Bühl und in Frankfurt; vielleicht haben sie gerade deshalb wenigstens einen Geld= segen, weil sie doch gewissenhaft den Sabbat halten."[61] Mit diesen Worten tritt Alban Stolz gegen die Sonn= tagsarbeit auf. Derselbe Gedanke, als ob der Reich= thum der Juden gewissermaßen eine zeitliche Belohnung für ihre Sabbathaltung wäre, begegnet uns noch ein= mal, in Stolz's Tagebuch. „Die Juden und die Eng= länder und Nordamerikaner halten am strengsten den Sabbat — und dies sind die reichsten Leute der Erde. Vielleicht ist für solche Menschen und Völker, welche diesseits ihren Lohn bekommen, die Ordnung, daß, wie das vierte Gebot die Verheißung langen Lebens hat, das dritte Gebot Reichthum in die Wagschale legt für solche, die, weil noch im Mosaismus, nicht warten wollen bis jenseits."[62] Auch an einer anderen Stelle seines Tagebuches führt A. Stolz die Juden zum Beweise dafür an, daß sich Reichthum und Sonntagsheiligung wohl mit einander vertragen, ohne gerade jenen als

Lohn für diese hinzustellen. „Die Juden haben, abgesehen von ihren Octavfesten, zwei geschäftslose Tage, nämlich den Sabbat und den Sonntag; zugleich machen sie die besten Geschäfte und werden reich und kaufen die Häuser in den Hauptstraßen. Unsere Herrenchristen wollen Feiertage nicht mehr gelten lassen, und ihre Arbeiter werden selbst an Sonntagen angespannt. Sie könnten wenigstens an den Juden, aber auch an den Engländern und Nordamerikanern sehen, daß man betriebsam sein und reich werden kann, ohne daß die Feiertage abgeschafft und der Sonntag geschändet wird."[63])

Die bloße Sabbathaltung ist aber noch kein Zeichen von Religiösität. „Beides gedeiht nicht wohl neben einander: Reichwerden und großer religiöser Eifer. Selbst der Jude kann nicht wohl zwei Herren dienen; die Juden werden nur im Abendland sehr reich, wo ihre Religiösität einer Pflanze im Keller gleicht. Die Juden in Jerusalem sollen größtentheils bitterarm sein bis zum Hungerleiden; dafür sind sie aber mit Inbrunst religiös."[64]) „Im Reichwerden eines Volkes liegt aber ebenso wenig ein Beweis von der Güte seiner Religion als im Reichwerden eines einzelnen Mannes; sonst wäre zuletzt die Religion des Amschel Rothschild und seiner Sippschaft die vortrefflichste, desgleichen die der Armenier in Konstantinopel; auch müßte die altphönizische Religion überaus trefflich gewesen sein, denn in Tyrus und Sidon war großer Handel und Reichthum. Im Gegentheil ist christliche Gewissenhaftigkeit oft sehr hinderlich beim Reichwerden; und als der Herr von dem reichen Jüngling gefragt wurde, was er thun solle, um das ewige Leben zu erlangen, so hieß Er ihn bekanntlich nicht mit seinem Reichthum eine Fabrik gründen oder sich mit einem Basler Haus associiren, sondern sich finanziell auf kürzestem Weg zu Grund richten und arm Ihm nachfolgen. Und der Apostel Paulus macht darauf aufmerksam, wie wenig Reiche das Christenthum angenommen hätten, und daß die, welche reich werden wollen, in die Fallstricke des Teufels fallen."[65] „Ja, wenn es sich um nichts handeln würde, als um das Geldmachen und das Fortkommen in dieser Welt, dann brauchte man kein Christenthum; das zeigen die Herren Juden, welche in mancher Stadt die schönsten Häuser haben, — dann wären die am gescheidtesten, welche essen und trinken und sich wohl sein lassen und Gewerbe treiben und betrügen, um noch mehr und länger essen und trinken zu können und sich wohl sein zu lassen."[66] Alban Stolz hält vielmehr für die allerschlimmsten — außer den Zeitungsjuden — diejenigen Juden, welche „mit ihren Bankgeschäften geldfett werden bis zum Zerspringen".[67] In seiner Auslegung des unendlichen Grußes weist A. Stolz nach, daß so ein Geldmann doch blutarm sei, mag er auch hundert Gulden Kapitalsteuer zahlen, „und der Mühlhauser Fabrikant ist arm, und der Rothschild ist arm".[68] Denn „sei du noch so reich und dick: ja das Geld ist nicht nagelfest. Die Seel' und das Geld geht gerad auseinander, wie wenn die Vorderland aus dem Wagen sich losmacht, und das Pferd mit den zwei Rädern davon geht; hat nicht schwer daran, und läßt die ganze Bagasche hinten sitzen. Es wär' ein rechter Gespaß, wenn zwei Todtenköpf' mit einander reden könnten, so ein Todtenkopf von einer reichen Geldgurt und von einem kümmerlichen Knecht. Das G'spött und der Vortheil wär' auf jeden Fall auf der Knechtsseite."⁶⁹) Alban Stolz zieht auch einen „Millionen=Rothschild" zur Vergleichung heran⁷⁰) und hält, da es einen Orden vom goldenen Vließ gebe, für Rothschild und sonstige Finanzmänner am angemessensten einen Orden — vom goldenen Kalb.⁷¹)

### 7.
### Einige jüdische Eigenthümlichkeiten:
### Judengesicht, jüdischer Schmutz, Judenangst.

„Dem kleinen Jüdlein sieht man ganz gut an, daß es von Juden herkommt; .. es hat .. ein Judengesicht".⁷²) Der Jude ist auf den ersten Blick zu erkennen, so daß es sprichwörtlich geworden ist, zu sagen: wie Juden erkennbar sein.⁷³) Alban Stolz hat hierfür eine Erklärung zu geben versucht. „Die unangenehme Eigenthümlichkeit des Gesichtes, woran man die meisten Juden sogleich kennt, wenn man sie auch nicht bezeichnen kann, scheint mehr hervorgebracht zu sein durch ihre Versetzung in Gegenden und Lebensmanieren, welche ihrer Nationalität unangemessen und ungedeihlich sind, während sie in heißeren Gegenden auch schön geblieben sind".⁷⁴)

Nächst der widerlichen Physiognomie fällt Einem am äußeren Juden sofort der ihm anklebende Schmutz auf. Alban Stolz bringt denselben in genaue Verbindung mit ihrer Trägheit; beide fand er auch bei den Italienern zusammen.⁷⁶)

Von der Feigheit der Juden erzählt A. Stolz eine

lustige Geschichte aus der Stadt Tiberias und knüpft daran eine treffende Bemerkung. „Als der Pascha erlaubte, daß eine katholische Kirche [in Tiberias] erbaut werde, wollten die Juden mit Gewalt den Bau hindern; der Pascha legte deshalb Militär in die Stadt, um die gewaltthätigen Juden im Zaum zu halten, und zwar sechs Mann. Der Pascha hatte sich in Betreff der aufzubietenden Macht nicht geirrt; die gegen zweitausend Mann starke Judenschaft wagte nichts mehr gegen den Bau. So spaßhaft die schnelle Beruhigung ist, welche beim Anblick der sechs Soldaten über das rebellische Judenvolk kam, so hat es auch eine sehr ernsthafte Seite. Die Jünger des Herrn waren sehr furchtsam; als aber durch den heiligen Geist das Christenthum sie innerlich erfaßt hatte, fürchteten sie keine Macht der Erde mehr. Die Juden hingegen waren früher sehr tapfere Männer; seitdem sie aber das angebotene Christenthum zurückgestoßen haben, sind sie so feig geworden wie kaum eine Nation auf Erden, ganz genau wie in ihren eigenen Schriften des alten Bundes verheißen ist, daß Zehn vor Einem fliehen, und alle das Kniezittern haben."[76] A. Stolz spricht auch von der „Judenangst", die Petrus erst noch gehabt, bis das Pfingstfest kam.[77] Er ermahnt das Volk, es nicht so zu machen „wie ein reicher Kapitalist oder lebensängstlicher Jude", die wegen jeder Kleinigkeit gleich zum Doctor schicken.[78] Und wo von der Feigheit der Juden die Rede ist, darf auch wohl folgender Ausspruch Platz finden, daß der Jude nicht raube, sondern nur stehle.[79] — Eine abergläubische Furcht scheint dem folgenden Erlebniß zu Grunde zu liegen, das A. Stolz auf seiner Reise in

Paläſtina hatte. „Einer von unſern Begleitern hatte ein ſilbernes Kreuzchen verloren; ſpäter kam ein Jude, der es gefunden, und bot es einem anderen unſerer Leute zum Verkauf an. Als mir ein zweiter Jude ſolches ſpäter erzählte, bezeichnete er das Kreuzchen mit der Benennung ‚ein Stückele Silber‘. Entweder war ihm der Name Kreuz unbekannt, oder, was wahrſcheinlicher iſt, er fürchtete ſeine Lippen unkoſcher zu machen, wenn er jenes Wort ausſpräche." 80) Hierher gehört auch wohl die Redensart: „Einer Sache aus dem Weg gehen, wie der Jud einer Fronleichnamsproceſſion". 81)

---

## 8.
### Die „guten Flecken" der Juden.
### Ihr Zuſammenhalten. Jüdiſche Dankbarkeit.

In ſeinem „eigenen Urtheil wegen der Judenſchaft" 82) weiſt Alban Stolz auch einige „gute Flecken" an den Juden auf. „Bei den Juden iſt mehr Zuſammenhalten; ſie ehren und pflegen Vater und Mutter beſſer; es kommen nur ganz ſelten uneheliche Kinder bei ihnen vor; ein Jud trinkt nicht leicht einen Rauſch; daß ein Jud ein Säufer geworden wäre, davon weiß ich kein einziges Beiſpiel. Der Jud haltet ſtreng ſeine Religionsvorſchriften in Faſten und Gebeten und Sabbathalten." Von der Frömmigkeit der altgläubigen Juden (im Gegenſatz zu den Schweinefleiſchjuden) und ihrem Werth haben wir im 5. Kapitel ausführlich gehandelt. Auch brauchen wir uns bei den übrigen „guten Flecken" nicht aufzuhalten, von denen jeder ſeinen guten Grund hat, wie sattsam bekannt. Nur vom Zusammenhalten der Juden einige Worte. Alban Stolz erwähnt es hier in lobender Beziehung. Anderswo bezeichnet er es als etwas ganz Natürliches, und mehr ist es auch in der That nicht. „Denn wenn ihrer nur wenige sind, die einer Confession angehören, und zugleich eine andere Confession die herrschende ist, da schließen sich die Leute sehr innig und liebend an einander und fühlen im Voraus eine große Zuneigung zu einem jeden Menschen, der ihnen ein Glaubensgenosse ist. Sehen wir dieses ja selbst bei den Juden." [83]) Man betrachte, bitte, genau den letzten Satz.... Ein besonderes Lob verdient also der Jude wegen seines Zusammenhaltens nicht. Wenn sich dasselbe in unverfänglicher Weise äußert, z. B. wenn die Juden es bejubeln, daß ihrem Rabbiner von einem großen Herrn Ehre angethan worden ist, [84]) so wird es ihnen keiner zur Last legen. Aber sie halten zusammen wie die Freimaurer [85]) oder wie Froschlaich. [86]) Im Kapitel „Juda und Hiram" wird hiervon mehr gesagt werden.

Noch einer guten Eigenschaft der Juden gedenkt Alban Stolz, nämlich der Dankbarkeit. Er giebt hiervon in seiner Auslegung des Vaterunser [87]) ein Beispiel, das uns aber in Bezug auf die Art und Weise, wie der Jude seine Dankbarkeit bezeugt, nicht anheimeln dürfte. „Ein frommer gelehrter Mann, welcher Jung-Stilling hieß, gab sich damit ab, den Blinden den Staar zu stechen, d. h. ihnen wieder zum Augenlichte zu verhelfen. Dieser erzählt, wie unendlich groß der Jubel so mancher Blinden gewesen sei, wenn das Häutchen im Aug' weggezogen wurde, als wäre es ein Vorhang zwischen der Seele und der Welt, und wenn dann das Licht wie ein neuer Morgen nach langer, Jahre langer Nacht im Aug' wieder aufging. So wurde auch ein alter Jude von seinem Sohne, Namens Joel, zu dem Arzt geführt. Der Jude saß auf dem Stuhl, die Nadel zog im Aug' das Häutlein hinweg, und die Helle drang in's Aug' und in die Seele. Da rief der alte Mann in unendlichem Jubel seinem Sohne zu: ‚Joel, Joel, ich sehe, ich sehe; küß' dem Doktor die Füße, Joel; küß' ihm die Füße!' Und der Joel kniete in großer Freude nieder und küßte dem Doktor die Füße, bevorab es dieser verhindern konnte."

## 9.
### Literaturjuden.
**Börne. Heine. Auerbach. — Felix Mendelssohn-Bartholdy.**

Alban Stolz' akademischer Beruf brachte es mit sich, in der Literatur weite Umschau zu halten. Er that dies sogar mehr, als für seine Fachstudien geradezu erforderlich war, und ließ besonders keine Aufsehen erregende neue Erscheinung ungeprüft. So konnte ihn sein Biograph mit vollem Rechte als einen Mann der Wissenschaft im besten Sinne des Wortes bezeichnen. „Stets hatte er seine Hand am Pulse der literarischen Bewegung; noch im Greisenalter, wo doch auch das geistige Interesse zu erlöschen pflegt, hat er sich mit Darwin, mit dem Philosophen des Unbewußten, mit dem Spiritismus, mit der epochemachenden Geschichte des deutschen

Volkes von Johannes Janssen, kurz mit allen Erscheinungen der Zeit befaßt". 88) Wie sollte er da nicht das Eindringen der Juden in die deutsche Literatur bemerkt und die immer mehr um sich greifende Verjudung der Letzteren aufmerksam verfolgt haben? In der That, an zahlreichen Stellen seiner Schriften ist von ‚Literaturjuden' im Allgemeinen wie auch im Besonderen, mit Namennennung, die Rede. Von ihnen trennt er gewöhnlich die ‚Zeitungsjuden' ab, die nur selten mit jener Bezeichnung bedacht werden. Wenden wir uns zunächst zu den Literaturjuden.

Wie der jüdische Schriftsteller den ihm vorliegenden Stoff behandelt, was er alles aus demselben zu machen weiß, schildert A. Stolz sehr anschaulich im Vorwort („Warnung") zur Beschreibung seiner spanischen Reise. Er warnt daselbst seine Leser, von ihm (Alban Stolz) mehr zu erwarten, als er bieten kann. „So mag da und dort eine schöne Seele, gleich einem Schmetterling, der einem Blüthenstrauch zuschwebt, sich zu versenken gedenken [man beachte den hier absichtlich gebrauchten Reim!] in spanische Guitarrentöne und andalusische Nächte; allein das süßlich-gelüstige, eitel-lügenhafte Erträumen und Erzählen von Liebschaften und Eroberungen mag einem Literaturjuden oder jüdischen Schöngeist anstehen, aber mir nicht; wohl aber würde eine Schmetterlingsseele nur in eine Dornhecke sich verfangen, wenn sie dieses Buch lesen würde." 89) Seinem Unwillen über die Verjudung der deutschen Literatur macht er in folgenden kräftigen Worten Luft: „Gegenwärtig [1873], oder vielmehr schon seit 100 Jahren, ist der ewige Jude in die modernen Schriftgelehrten gefahren.

In Jerusalem hat er seiner Zeit die Menschheit Christi getödtet; jetzt sucht er die Gottheit Christi zu tödten, hauptsächlich durch die spitzigen Federn deutscher Professoren." 90)

Namentlich führt A. Stolz folgende Literaturjuden an: Ludwig Börne (eigentlich Löb Baruch), Heinrich Heine und Berthold Auerbach.

Börne wird zusammen mit Heine als Beispiel für die subjektive Schreibart genannt. „Böhmer [der Frankfurter Geschichtsforscher, dessen „kleine Schriften" von Johannes Janssen herausgegeben sind] sagt in einem seiner Briefe, daß Bossuet [Bischof von Meaux] über Melanchthon's Charakter eine Schilderung gebe, schlicht und wahr, wie bei einem, der der Sache wegen schreibt, und nicht, wie bei unseren Neueren, die stets ihren eigenen tiefen Geist zeigen wollen. Darin liegt eben bei allen Männern, die sich mündlich oder schriftlich oder künstlerisch veröffentlichen, die große Scheidung des Charakters, ob sie einer Idee dienen wollen, oder ob sie ihre Person obenan stellen und die Idee nur als bengalisches Feuer brauchen, um die eigene Person im Brillantfeuer zu zeigen. Ersteres zeigt sich bei Lessing; Letzteres bei Jean Paul, noch mehr bei den Juden Heine und Börne." 91)

Ueber Heinrich Heine fällt A. Stolz folgendes vernichtende Urtheil: „Heine kommt mir mit seiner wundersamen Poesie und seiner Ruchlosigkeit vor wie eine Mistlache, worin die Sonne glitzert. Die Sonne ist das Genie, die Mistlache das verdorbene Herz." 92)

Dasselbe Bild gebraucht Stolz's Biograph 93), wenn er sagt: „Heine war eine Mistpfütze, in welche Gottes Sonne hineingeschienen, das heißt ein mit einem schlechten Herzen behaftetes Dichtergenie, das mit vergifteten Pfeilen schoß". Es wird nicht überflüssig sein, hiermit die Würdigung Heine's durch den katholischen Literarhistoriker Peter Norrenberg"4) zu vergleichen. „„Beide haben das Christenthum glühend gehaßt und mit diabolisch=glänzender Dialektik zu ersticken gesucht: der Frankfurter Ludwig Börne durch seine literarisch=politische Feuilletonistik, Heinrich Heine daneben durch seine Lieder. Die Mischung dämonischen Hohnes und träumerischer Sentimentalität, welche die Heine'sche Poesie charakterisirt, ist uns schon bei Bettina v. Arnim, aber geistreicher, begegnet. Bei Heine treten die semitische Raceneigenthümlichkeit und der schmutzige talmudische Witz hinzu, welche die unangenehme Wirkung noch verschärfen. „Das Fräulein stand am Meere und seufzte lang und bang, es rührte sie so sehre der Sonnenuntergang. Mein Fräulein, sei'n Sie munter; das ist ein altes Stück: hier vorne geht sie unter und kehrt von hinten zurück." Mit solchen polnischen Judenwitzen amüsirte er sein blasirtes Publikum königlich. In den Kreisen der Frankfurter Geldaristokratie und in den Berliner bureaux d'esprit ging es schon frei genug zu; Heine aber, der jede Phryne auf den Pariser Boulevards kannte, hat den sittlichen Gehalt der Poesie auf die tiefste Nummer herabgedrückt. Wenn wir wissen, wo er die Inspirationen zu seinen Liedern sich holte, verlieren selbst seine besten ihren Werth und Reiz . . . Die Heine'sche Lyrik ist das Wanderlager der Romantik, worin der Poet als zungenfertiger Verkäufer seine bunten Waaren feilbietet und anpreist, bis er beim Nachlassen der Kauflust den ganzen Bettel mit jüdischem Hohn unter den Tisch wirfst: „Nun ist es Zeit, daß ich mit Verstand mich aller Thorheit entled'ge; ich habe so lang' als ein Comödiant mit dir gespielt die Comödie. Die prächt'gen Coulissen, sie waren bemalt in hochromantischem Stile; mein Rittermantel hat goldig gestrahlt; ich fühlte die feinsten Gefühle." Nur einmal ist Heine wahr gewesen, als er die Verse schrieb: „Selten habt ihr mich verstanden, selten auch verstand ich euch; nur wenn wir im Koth uns fanden, so verstanden wir uns gleich." In diesen Koth hat er alles gezogen: Christenthum und Poesie, Kirche und Staat, Freunde und Feinde; nur Eins ist ihm stets klar gewesen, daß Geld kein Koth sei. Er starb mit der Blasphemie auf den Lippen: Dieu me pardonnera, c'est son métier. [Gott wird mir vergeben, das ist sein Geschäft.]" — Ausführliche Belehrung über Heine findet man in den Schriften der Katholiken Sebastian Brunner „Zwei Buschmänner [Börne und Heine]" und Heinrich Keiter „Heinrich Heine" (beide aus dem Jahre 1891), sowie des Protestanten Xanthippus [d. i. Franz Sandvoß] „Was dünket Euch um Heine?" (1888). Um hier aber auch einen Protestanten über Heine zu Worte kommen zu lassen, so wollen wir noch folgende Äußerungen des Ästhetikers J. H. Heinrich Schmidt (Professors in Hagen in Westfalen) anführen. „In der Welt der modernen Dichtung präsentirt sich Heine als einer, der seine brennende Stirn im kühlen Sande des Strandes kühlt; betrachte ihn näher, und du erblickst einen Verrückten, der mit einer Gerte zum Bewußtsein seiner Beine zu bringen ist, wie jene Schildbürger. Dann küßt er die Stiege, die einst „ihr" Fuß betreten: das ist Cynismus.

Und die Lorelei selbst, mit einem Kamme das lange aufgelöste Haar kämmend, während ein Schiffer gedankenlos im Kahn dahin treibt: was soll das? Und was jene Fichte am Strande Norwegens und jene Palme in Afrika, die von einander träumen in phantastischer Sympathie".⁹⁵) „Wenn Heine z. B. behauptet, er habe so oft die steinerne Stiege geküßt, die „ihr" Fuß betreten habe: so denke man sich doch nur einmal einen Mann abgebildet, wie er an der Straße steinerne Tritten küßt! Oder man denke an denselben Heine, wie er die heiße Stirn im nassen Sande des Nordseestrandes kühlt. Fordert das nicht geradezu auf, mit einem Rohrstockstreiche den Menschen zur Besinnung zu bringen, oder mit einem Eimer Wasser? Und nun gar, wenn Heine abgebildet wird, wie er Liebeseier brütet und die schon ausgebrochenen Küchlein um ihn herum pipen: gäbe das etwas anderes als ein Bild zu den Musenklängen aus Deutschlands Leierkasten?"⁹⁶)

Doch zurück zu Alban Stolz! Derselbe führt Heine noch in seinem „Mörtel für die Freimaurer" ⁹⁷) an und zwar auf Grund eines Mißverständnisses, wie sich aus dem Schluß des Norrenberg'schen Citats ergiebt. Denn bei Heine brach auf dem Todtenbette der Glaube keineswegs wieder hervor. Auch setzte A. Stolz seinem unversiegelten Briefe an Hrn. Bluntschli u. Gebr. „Die Hexenangst der aufgeklärten Welt" folgenden Ausspruch Heine's als Motto vor: „Arme Väter der Gesellschaft Jesu! Ihr seid der Popanz und der Sündenbock der liberalen Partei. Was mich betrifft, so konnte ich nie einstimmen in das Zetergeschrei meiner Genossen, die bei dem Namen Loyola immer in Wuth geriethen

wie die Ochsen, denen man einen rothen Lappen vor=
hält."⁹⁸)

Ueber Berthold Auerbach läßt sich Alban Stolz
in dem Vorworte zu den „Zuchthausgeschichten" seines
späteren Biographen J. M. Hägele folgendermaßen aus:
„Man hat viel Geschrei gemacht mit den Schwarzwälder
Geschichten [rectius: Schwarzwalder Dorfgeschichten, zu=
erst 1843 erschienen] von Auerbach. Es wäre nicht
nothwendig gewesen. Auerbach ist kein Schwarzwälder
[wenn auch zu Nordstetten im Schwarzwalde geboren],
er ist ein Jude. Ein Jude wird nämlich niemals
ein Schwarzwälder, selbst wenn seine Vorfahren
gleich nach der Zerstörung Jerusalems an den
Feldberg oder nach Todtnau gezogen und sich
niedergelassen hätten. Eben deshalb mag Auerbach
immerhin äußere Vorkommnisse auf dem Schwarzwald
beschreiben; wenn er aber von dem Denken und Fühlen
des Schwarzwälders reden will, so muß er dieses aus
seiner Phantasie nehmen, welche aber keine Schwarz=
wälder Natur, sondern die eines jüdischen Literaten
hat. Man hat, so will es mir scheinen, Auerbach be=
sonders da viel gepriesen und viel gelesen, wo man bloß
unterhaltende Lektüre wollte und das tägliche Futter,
die Romanliebeleien, im Schwarzwälder Bauernrock neu
und pikant fand; auch mag mancher Posaunenbläser des
Literaturmarktes den Meister Auerbach deshalb gepriesen
haben, weil er das Verdienst hat, kein Christ zu sein."⁹⁹)
Auch Norrenberg¹⁰⁰) urtheilt, daß die Dorfgeschichte von
dem jüdischen Spinozist B. Auerbach in antichristlichem
Sinne gemißbraucht sei.

Auf eine Stufe mit den Literaturjuden stellt A. Stolz

Karl Gutzkow, wenn er sagt: „Der Freimaurer liest die Bauhütte, oder einen Roman von Gutzkow, oder sonstige Judenliteratur".[101]

Alban Stolz gedenkt auch eines jüdischen Komponisten, nämlich Felix Mendelssohn-Bartholdy's. Er spricht von den „musikalischen Kopfrechnungen" desselben und bekennt, daß Musik und Gesang, dergleichen dem gemeinen Volk zusage, auch ihm besser eingehe als jene.[102] Er stellt sogar die Behauptung auf, selbst manche Komposition von Palestrina sei eben eine musikalische Rechnung, aber keine die Seele ansprechende und erhebende Musik.[103] „Der alte polyphone Gesang, z. B. von Palestrina, der jetzt von vielen als der vollkommenste Gesang wieder angepriesen wird, ist so ganz eigentlich die Scholastik auf musikalischem Gebiet, scharfsinnig und gemüthlos, eine musikalische Kopfrechnung. Insbesondere hat das Kind und der gemeine Mann gar nichts davon. . . . Es scheint mir, daß sich hauptsächlich Männer für den altkirchlichen Gesang erhitzen, welche wenig Gemüth und Genie haben für die Musik."[104] — Es mag hierbei noch bemerkt werden, daß Felix Mendelssohn-Bartholdy's Sohn Karl († 1874) als Professor der Geschichte eine Zeit lang der akademische College Alban Stolz's gewesen ist.

## 10.
### Zeitungsjuden.
**Wie man sich gegen die Judenblätter zu verhalten hat.**

„Am allerschlimmsten [von den Juden] sind die Herrenjuden, welche in Frankfurt, Berlin und Wien die vertenfelten Zeitungen schreiben".¹⁰⁵) So spricht sich A. Stolz in seinem "Urtheil wegen der Judenschaft" über die Zeitungsjuden aus und beklagt häufig, daß sich diese immer mehr der deutschen Presse bemächtigten. Er steht nicht an, sie mit den schärfsten Ausdrücken zu bezeichnen. "Die Artikelschreiber", — so heißt es in seinem Tagebuch unter'm 28. Januar 1871 ¹⁰⁶) — "sprechen von dem, was Tausende von Soldaten mit bitteren Mühseligkeiten, Blut, Verkrüppelung und Tod erstreiten mußten: Wir haben es gethan! Am allerliebsten und regelmäßigsten drückt sich aber so aus der Literaturjude [hier = Zeitungsjude]. Diese Leute bilden großentheils die Trichinenbrut in der deutschen Bevölkerung." Schon in den vierziger Jahren fühlte sich A. Stolz berufen, der Verwüstung, welche badische und unbadische Zeitungen in seinem Heimathlande anrichteten, nach Kräften durch Aufklärung des Volkes über dieselben in seinem Kalender für Zeit und Ewigkeit ¹⁰⁷) Einhalt zu thun. Doch spricht er hier von Zeitungsschreibern im Allgemeinen, und nur an einer Stelle ¹⁰⁸) heißt es: "Es sind darunter Juden, die an keinen Gott und keinen Moses glauben".. Auch in einer 1860 erschienenen Schrift werden "feile Juden" ¹⁰⁹) nur unter anderen schlechten Zeitungsschreibern genannt. Dagegen mußte er schon Anfangs der siebziger Jahre die hervorragende Betheiligung der Juden an der deutschen Presse anerkennen. So heißt es in seinem "Steckbrief gegen Zeitungen" ¹¹⁰): "Ich kenne die Naturgeschichte von mehreren dieser Zeitungsschreiber. Vor Allem, besonders in Österreich, sind es Juden mit Schweinefleisch, die gar keine Religion haben, nur noch ein Schwänzlein von dem Judenthum, nämlich, daß sie ingrimmig die christliche Religion hassen." Vergl. ferner: "Alle kirchenlästerlichen Blättlein und Blätter bis zur Gartenlaube schreien und ächzen, wie roh, rauh und gemein der Kalender für Zeit und Ewigkeit sei. Die Juden und Schreiber, welche das Giftpapier jener Zeitungen herstellen, wollen damit ihren Aerger auslassen" 2c.[111])

In den Judenzeitungen werden am meisten die Geistlichen verlästert und zwar nicht sowohl zweideutige und faule Geistliche, sondern gerade solche, die ernstlich sind, was sie sein sollen.[112]) Die Judenpresse hetzt die gewöhnlichen Zeitungsleser gegen die Kirche überhaupt.[113]) "Diesen [den Juden] ist es meistens eine wahre Herzensangelegenheit, die katholische Kirche, den Papst, die Geistlichkeit, eifrige Katholiken herabzusetzen, zu verleumden und gegen sie zu hetzen. Zu diesem Zweck wird in vielen derartigen Zeitungen auf die gewissenloseste Weise gelogen."[114])

Alban Stolz bezeichnet das „Frankfurter Journal" als „das Judenblatt" κατ' ἐξοχήν.[115]) Dasselbe wird auch unter dem „Judenblatt von Frankfurt"[116]) zu verstehen sein. „Ich halte die Allgemeine Zeitung für die ordentlichste, und suchte sie daher zu Madrid in einem Lesekabinet. Allein ich hörte, daß die Kölner Zeitung seit Kurzem in Madrid die Oberhand bekommen habe; zu diesem Blatte hatte ich jedoch keinen Appetit, da sein fader Liberalismus nach Knoblauch riecht, d. h. nach Jung-Israel — schier gar wie das Blatt aller oberrheinischen Kneipen, das Frankfurter Journal."[117])

Zwar „wie die Fledermaus das stinkende Oellicht unendlich der Sonne vorzieht, so ist dem Aufgeklärten eine schmutzige Zeitung, von ungläubigen Juden und abgefallenen Christen geschrieben, tausendmal lieber als die Bibel oder der Katechismus."118) Dem guten Christen aber giebt A Stolz Folgendes zu bedenken: „Es ist eine Sünde, ohne Noth mit Menschen täglich zu verkehren, welche es offenbar darauf anlegen, schlechte Grundsätze Einem beizubringen, oder Einen vom Glauben abwendig machen wollen. Darum muß es auch eine Sünde sein, sich Zeitungen zu halten und täglich zu lesen, die offenbar es darauf anlegen, die Leser zum Abfall von ihrem Glauben zu bringen. — Und es ist eine Niederträchtigkeit und Schmach, wenn der Katholik noch solche Zeitungen bezahlt, welche sich bemühen, die katholische Kirche zu untergraben; wie es eine Schmach ist, wenn ich im Krieg dem Feind meines Vaterlandes Pulver und Blei liefere und die Thore öffne. Denn auch die Kirche ist gewissermaßen das Vaterland der unsterblichen Seele."119) „Man kann [auch] sagen: Wer täglich kirchenfeindliche Zeitungen liest, der nimmt täglich einige Tropfen Gift in seine Seele auf; er ist daher ein Selbstmörder an seiner Seele, d. h. er bringt sie in den ewigen Tod der Verdammung. Sowohl der verstorbene Papst Pius [IX.] als auch manche Bischöfe haben deswegen öffentlich erklärt, daß es eine schwere Sünde sei, religionsfeindliche Zeitungen zu halten, zu bezahlen und täglich zu lesen. Mancher könnte zwar sagen: Ich muß das Blatt halten, in welchem die Amtsverkündigungen sind, und gerade diese Blätter gehören in der Regel zu den liberalen und kirchenfeindlichen. Allein wenn ein einziger Katholik im Ort das Blatt hält und nur die Verkündigungen liest, hingegen das

Stück daran, welches die politischen Artikel und die Gehässigkeiten gegen die katholische Kirche enthält, abreißt und sodann das Uebrige anderen Katholiken mittheilt, so ist dem Übel abgeholfen; das Blatt wird nicht unterstützt und das Gift darin unschädlich gemacht."[120])
Alban Stolz rechnet es auch unter die christlichen Liebeswerke, allen Einfluß aufzubieten, daß Zeitungen im Orte abgeschafft werden, welche von Juden, Freimaurern oder sonstigen Gesellen des Antichrist ausgegeben werden, und daß dafür gute Schriften verbreitet werden.[121])

Von den österreichischen, speciell den Wiener Judenblättern, wird in einem späteren Kapitel die Rede sein.

## 11.
### Juda und Hiram.

Wir finden in den Schriften von A. Stolz die Juden oft in der noblen Gesellschaft von Türken, z. B. „Gottes Namen viel weniger achten als der Türk und der Jud",[122]) „schlechteres Volk als Juden und Türken",[123]) „weiter vom Christenthum entfernt sein als Juden und Türken";[124]) ferner von Türken und Heiden, z. B. „als Heid, Türk und Jud leben und sterben",[125]) „eine Erfindung, wovon selbst die Heiden und Juden und Türken nichts gewußt haben" [die Civilehe],[126]) vgl. auch „Christenjud und Christentürk und Christenheid".[127]) Sonst werden auch noch zusammen genannt „Heiden, Juden und ruchlose Christen".[128])

Am häufigsten treffen wir aber den Juden in der

Gesellschaft von Bruder Freimaurer an. Einmal findet sich auch das Kleeblatt: „Lump, Freimaurer und Herrenjud";[129]) ein ander Mal: „Juden, Freimaurer oder sonstige Gesellen des Antichrist";[130]) ein drittes Mal: „Freimaurer, ungläubige Juden, Ehebrecher u. dergl. Leute".[131]) Sie hassen das Christenthum und hetzen in ihren Zeitungen gegen dasselbe. Die Reden aber, die in den Freimaurerlogen gehalten werden, lauten ungefähr wie die Reden eines aufgeklärten Rabbiners; so wenig wird das Christenthum darin berührt.[132]) — A. Stolz konnte somit von „Synagogen der Freimaurer"[133]) sprechen. — Freimaurer und Juden zählen deshalb auch nicht nach Christi Geburt, sondern nach Erschaffung der Welt.[134]) Sie halten ferner zusammen, so daß sie vorzugsweise ihre Leute zu befördern und rechtschaffene Menschen zu verdrängen suchen.[135]) „Sie helfen einander zu Anstellungen, zu Lieferungen; sie preisen und empfehlen ihre Leute schriftlich und mündlich, kaufen und bestellen nur bei Gewerbsleuten, die auch Freimaurer [resp. Juden] sind, unterstützen hie und da Einen mit Vorschuß, der am Umfallen ist".[136]) Ueber den „geckenhaft hoffärtigen" Namen der Freiburger Freimaurerloge „zur edlen Aussicht" [genauer mit dem Zusatz „im Orient"] bemerkt A. Stolz witzig, daß die Aussicht auf das Judenwirthshaus und ehemaligen Kuhstall gehe.[136])

In seinem „Akazienzweig für die Freimaurer" (1863) hat A. Stolz endlich nachgewiesen, daß die Freimaurer von vaterlandslosen Juden gegängelt werden. Er führt da u. A. aus einigen kurz vorher in Berlin als Manuscript gedruckten Blättern „Zeichen der Zeit", die von einem Freimaurer geschrieben waren, der bisher zu den Wohlmeinenden und Harmlosen gehört hatte und dem allmählich die Augen aufgegangen waren, folgende Sätze an. „„Während keine christliche Loge den Juden mehr unzugänglich ist, bestehen Judenlogen, wo jedem Nicht= juden die Aufnahme unbedingt versagt ist. In London, wo bekanntlich der eigentliche Focus der Revolution unter dem Großmeister Palmerston ist, bestehen zwei Juden= logen, wo nie ein Christ Aufnahme findet, nicht einmal über die Schwelle gelassen wird. Dorthinein aber münden die Fäden aller revolutionären Ele= mente, die in christlichen Logen sind. Eine solche Judenloge ist jetzt zu Rom „das höchste Revolutions= Tribunal". Von dort aus werden die anderen Logen — als „von geheimen Oberen" — dirigirt, so daß die meisten christlichen Revolutionäre blinde Puppen von Juden sind durch Hülfe der Geheimthuerei, indem der Vorwand, daß in der Loge alles geheim sei, der eigentliche Hebel ist, wodurch die „wissenden Brüder" den Bund selber nach Belieben handhaben können. — In Leipzig ist zur Meßzeit jedesmal eine geheime Judenloge permanent, welche sich merkwürdigerweise nie einem christlichen Maurer öffnet."" [137])

Die Juden sind also jene Mohren, welche eigentlich den Kameelzug leiten, ohne daß es die Kameele (Frei= maurer) und der vorauf trabende Esel (Meister vom Stuhl) recht merken, ja während der Esel meint, er selber sei der Anführer. [138] — A. Stolz erwähnt noch die Hamburger Judenloge zu den drei Nesseln. [139] Ueber die aus Juden und Christen zusammengesetzten

Logen fällt er folgendes Urtheil: „Wenn aber Juden ebenso gut wie Christen in der Loge Aufnahme finden, und in der Loge doch gebetet und „religiös" gesungen wird, so muß auf jeden Fall Christus ausgeschlossen sein; denn der Jude erträgt ihn nicht. Allerdings ist der Jude, welcher Freimaurer wird, auch von seiner Religion abgefallen und insofern dem Christen, der sich in einen ächten Freimaurer verwandelt hat, im Glauben ebenbürtig. Es mag deßhalb nicht ohne Bedeutung sein, daß in Basel die Freimaurer ihre Zusammenkunft gewöhnlich in der Nacht vom Samstag auf den Sonntag halten. Die ehemaligen Christen unter ihnen zeigen dadurch schon ihren Vorsatz, am Sonntag nicht in die Kirche zu gehen; sie müssen ausschlafen. Und wenn Juden dabei sind, so halten sie auf diese Art ihren Sabbat in der Freimaurerbude und singen hier dem Weltenbaumeister Freimaurerlieder, statt Jehova in der Synagoge zu verehren." [140]

## 12.
### Jüdische Reisebekanntschaften.

Auf seinen Reisen, die Alban Stolz theils zur Erholung von seinen Berufsgeschäften, theils zur Erweiterung seines Gesichtskreises, besonders seiner Menschenkenntniß unternahm, besuchte er nicht nur einen großen Theil Deutschlands (z. B. Berlin, Thüringen, Bayern), sondern auch Holland und die Schweiz. Im Jahre 1848 reiste er durch Oesterreich und Italien, 1850 nach Spanien, 1851 nach England, 1852 nach Konstantinopel,

1855 nach Jerusalem und 1857 nach Rom, das er vorher noch nicht gesehen hatte. Die Reisen der Jahre 1850 und 1855 hat er in eigenen Werken beschrieben. Ueberall stieß er auf Juden und verfehlte nicht, sie zu beobachten und von ihnen zu — lernen, um dann später das Volk über sie zu belehren. Er machte so manche interessante Reisebekanntschaft. Bei einigen derselben müssen wir uns schon etwas länger aufhalten.

Auf seiner Reise nach Spanien erfuhr A. Stolz in Marseille, daß daselbst die Cholera herrsche und deshalb das von dort nach Barcelona abgehende Dampfschiff 10 Tage Quarantäne im ersten spanischen Hafen halten müsse. „Da ich nun in trüber Stimmung und in schwerfälligen Ueberlegungen in der Straße umherwandelte, redete mich ein Herr an und fragte mich nach der Place de Napoléon. Ich erklärte, daß ich hier fremd sei und daher jenen Platz nicht wisse. Er sagte mir nun, daß er auch fremd in Marseille sei — und eine Frag' und Antwort gab die andere, so daß wir in kurzer Zeit mit einander in ziemliche Bekanntschaft verwickelt waren. Er sagte, daß er aus Nizza sei, von seinen Renten lebe, nun von einer größeren Reise aus England und Paris komme, noch unentschlossen sei, ob er jetzt nach Haus zurückkehren oder seine Reise noch weiter ausdehnen wolle. Als er auch von meinem Reiseplan gehört hatte, äußerte er sich, er habe auch schon halb im Sinn gehabt, einmal Spanien zu sehen, — und um es kurz zu sagen: wir kamen überein, mit einander die Reise nach Spanien zu machen. Der neue Kamerad zeigte viele Wißbegierde, meine Naturgeschichte zu studiren; er fragte mich fleißig aus, ob ich noch ledig sei, wieviel ich Einkommen habe u. s. w., und legte bald viel Freundschaft und Vertrauen zu mir an den Tag; nahm mich am Arm, wollte überall bezahlen, begleitete mich, wohin ich wollte, und äußerte sich, daß wir auf unserer Reise am billigsten zukommen werden, wenn wir in der Regel ein Zimmer gemeinschaftlich nehmen. Ich will aber denjenigen Lesern, welche das Geschick davor behütet hat, mich persönlich zu kennen, bemerken, daß ich eine sehr unliebliche Person bin und zwar in solchem Grade, daß, wenn mir Einer begegnen würde, der mir ganz gliche, ich selber einen erheblichen Widerwillen gegen ihn fassen müßte und wahrscheinlich bald in Wort=wechsel und scharfen Streit geriethe, wobei allerdings schwer zu urtheilen wäre, wer mehr Unrecht hätte, er oder ich. — Darum war es schon von dieser Seite be=trachtet etwas verdächtig, daß der Fremdling aus Nizza so viel Wohlgefallen an mir fand; doch stellte ich dar=über keine weiteren Betrachtungen an, da auch sonst schon manchmal Fremde unvorsichtig genug waren, nach kurzer Bekanntschaft mir ihr Vertrauen und Freundschaft zuzuwenden. Allmählich aber krochen falsche Gedanken aus dem Hintergrund meines Herzens, wie einzelne Ratten unter dem Küchenherd hervorschleichen, wenn es anfängt zu dämmern, eine größer als die andere. Denn: 1. verstand der junge vermögliche Herr aus Nizza aus dem Königreich Sardinien die italienische Sprache nicht, und sein Französisch hatte die Färbung des Marseiller Dialektes. 2. Da er von politischen Dingen redete, zumal von französischen, sagte er zweimal nous: und als ich ihm bemerkte, er sei ja kein Franzose, warum er denn nous sage, brachte er eine ungeschickte Ausrede.

3. Hatte ich einen Kreditbrief an ein Bankierhaus in Marseille des Inhaltes, daß mir auf mein Begehren eine namhafte Summe von Franken eingehändigt werden möge; wenn ich aber den Schatz nicht vollständig erheben wolle, daß man mir einen weiteren Kreditbrief nach Spanien ausfertigen möge. Mein Freund redete mir nun höchst dringend zu, alles Geld gleich in Marseille mir anzueignen; ein neuer Kreditbrief koste nur Spesen. Ich habe eine Redensart an mir und eine Melodie dazu, welche grob und stößig ist wie ein Einhorn, und welche ich dann loslasse, wenn gütlichere Wendungen nichts helfen wollen. So auch hier. Das Zureden war so eifrig und stät, und alle Vernunftgründe dagegen wurden so mißachtet, daß ich endlich ein ungeschliffenes, scharfkantiges „Ich will nicht" darauf setzte. Ueber den halbwilden Accent und das Oxytonon, womit ich solches sagte, sichtlich beunruhigt, entschuldigte sich mein Gefährte mit der guten Meinung seiner Rathschläge, und wie ich ja dennoch thun könne, was mir beliebe. 4. Er fragte mich jedesmal, wenn ich nach meiner Uhr sah, welche Zeit es sei. Endlich fragte ich, ob er denn keine Uhr habe; er antwortete, sie sei beschädigt, er habe sie beim Uhrenmacher. Aber obschon die Abreise auf den Abend bestimmt war, bemerkte ich nicht, daß er seine Uhr abzuholen bedacht war. 5. Ich schlug ihm vor, zum spanischen Consul zu gehen, um die Pässe visiren zu lassen; das wollte er nicht, in Perpignan sei noch Zeit dazu. Da ich aber darauf bestand, so verschob er es, bis das Bureau geschlossen war, und wir auf den anderen Tag verwiesen wurden. 6. Mein Mißtrauen war unterdessen ganz dick ange-

schwollen, so daß ich mit (bei mir) ungewöhnlicher Klugheit den Anschlag faßte, um jeden Preis den Paß meines intimen Freundes selber zu visiren. Es kostete Mühe, ihn auf eine höfliche Weise dahin zu bringen, mir denselben zu zeigen. Da er nicht mehr ausweichen konnte, indem ich ihn den meinigen lesen ließ, reichte er mir ihn dar, zog ihn aber augenblicklich wieder zurück, so daß ich kein Wort lesen konnte. Um so zäher legte ich in verschiedenen Redensarten meine Sehnsucht an den Tag, seinen Paß noch einmal zu sehen; und da er endlich, wie das erste Mal, mich wieder, ohne denselben aus der Hand zu geben, einen kurzen Blick hineinwerfen ließ, suchte ich den Stand auf. Hier erblickte ich nun des Pudels Kern; ich las unter der betreffenden Rubrik: marchand de lunettes. — Nun wußte ich, wo ich dran war; und zugleich gingen mir auch die leiblichen Augen auf, und [ich] sah, daß der reiche Herr, welcher sich zu Haus, wie er erzählte, gewöhnlich mit Lektüre und Jagd beschäftigt, ein Judengesicht habe, folglich laut seines Passes ein Brillenjude sei. Die edlen, freundschaftlichen Absichten, welche derselbe hatte, indem er in meiner Gesellschaft reisen und brüderlich das Zimmer mit mir theilen wollte, und indem er mir rieth, den Kreditbrief vollständig in pures Geld umwandeln zu lassen, lassen sich vermuthen, ohne daß man sich durch falschen Argwohn versündigt. — Das Erste, was ich that, war die bittere Frage, warum im Paß stehe, daß er ein Brillenkrämer sei. Darauf brachte der Unglückselige eine ganz ungerathene Ausrede vor, es sei nämlich durch ein Versehen sein Stand unrichtig im Paß verzeichnet. Da ich doch nicht einfältig genug war,

Solches zu glauben, so machte ich nun ein trotziges Gesicht, was mich ohnedies nicht schwer ankommt, und gab auf seine Bemühungen, durch allerlei anmuthige Reden das schwarze Gewölk meines Mißtrauens zu zertheilen, nur sehr trockene, abbrevirte Antwort, so daß er wohl bemerken konnte, daß das feingesponnene Netz, mit welchem er mich schon ganz umgarnt glaubte, einen Riß bekommen habe. Wir hatten aber früher schon abgemacht, daß wir auf dem Dampfboot, welches am Abend nach Cette, einem französischen Hafenort, abfahren sollte, uns einschiffen und von dort dann die Reise zu Land in die Pyrenäen fortsetzen [wollten]. Da ich nun in meinen Gasthof ging, so verabschiedete er sich ziemlich betrübt mit dem Bemerken, er werde sich zur bezeichneten Zeit am Hafen einfinden, wo wir uns dann treffen und verabredeterweise abfahren werden.... [A. Stolz sah diesen Juden nicht wieder!] Für die Nachstellung dieses **giftigen Insektes** bin ich Gott vielen Dank schuldig. 1. Hat der Jude mir manches Lehrreiche mitgetheilt, und meine Zunge ist im Französischsprechen durch seinen Umgang gelenker geworden. 2. Bin ich vorsichtiger und gescheidter worden in Bezug auf solche Cavaliere großer Städte. 3. Hat er meinen Entschluß, nach Spanien zu reisen, der am Verwelken war, wieder aufgefrischt; und wahrscheinlich hätte ich Spanien und der Leser das Spanische [Stolz' Werk „Spanisches für die gebildete Welt"] nicht zu Gesicht bekommen, wenn dieser Edelmann von Nizza nicht gewesen wäre." [141]

Auf einer Reise „in allerlei deutschen Gebieten" im Jahre 1846 machte A. Stolz in der Gegend von Erfurt folgende Beobachtung. „Ein **jüdischer Jüng-**

ling, wahrscheinlich vom Handelsstand, nahm sich um sie [eine Bonne aus Montpellier] an, indem er seine französische Zunge in Bewegung setzte, obwohl die Person auch deutsch sprach. Dieser Mensch hatte alles Mögliche an Farbe und Stickereien und Mannigfaltigkeit in seiner Bekleidung angebracht, was nur die neueste Mode erfunden oder gestattet. Als aber einmal das Frauenzimmer rückwärts sitzen mußte, weil der Judenherr und ein langhäriger Student, den ich Graf tituliren hörte, vorerst den besten Sitz eingenommen hatten, da hatte die Galanterie des Ersteren ein Ende; hingegen gutmüthig räumte ihr der Student seinen Sitz ein, obschon er sonst kein Wort mit ihr sprach. Es ist ein böses Ding um die Uneigennützigkeit bei einem, der Jude und Kaufmann mit einander ist; hingegen Jugend und edles Geschlecht verläugnet sich nicht, selbst im Geringen, obschon die Kammerjungfer auch rückwärts hätte sitzen können." [142]

Aus dem Jahre 1848 hat uns A. Stolz die Geschichte von einem sonderbaren Conducteur aufbehalten. „Dieser war eigentlich nur ein maskirter Conducteur; er war ein Beamter vom Postfach in Laibach, welcher sich sehnte, einmal Salzburg zu sehen, ohne sich in Unkosten zu verlieren. Darum verfiel er auf den Anschlag, den Conducteurdienst dahin zu übernehmen. In diesem falschen Dienst wich er nur in zwei Dingen von einem ordentlichen Conducteur ab: erstens war er bei den Expeditionen langsam und täppisch, zweitens war er sehr höflich. Da ich manche Wegstunde bei ihm saß, so geschah es bald, daß er mir sein demagogisches Herz eröffnete; auch zeigte er Ueberfluß an religiöser Aufklärung.

Ich suchte ihn glimpflich um manche helle Ansicht zu bringen, was er mit höflichem Widerstreben und Nachgeben geschehen ließ. Da ich aber auf die Schmach Wiens, auf seine Judenwirthschaft zu sprechen kam, äußerte mein Nebenmensch, daß dies eben ein Zeichen sei von der geistigen Superiorität der Juden, daß man nicht intolerant sein solle. Da ich dessenungeachtet nicht abließ, gröbliche Worte fallen zu lassen gegen die Judendemagogie in Wien, und ich ihm hiebei einmal ins Antlitz schaute, so erblickte ich plötzlich einen Juden vom reinsten Vollblut, der mich schmerzlich betroffen ansah. Dessenungeachtet schien er mir in der Süße seines Herzens nicht abhold geworden zu sein; er sagte mir Namen und Herkunft, R. aus Mähren, in Wien studirt, und bat mich, ihn in Laibach zu besuchen."[143]

In der Taubstummenanstalt zu Prag, in welcher A. Stolz dem Religionsunterricht beiwohnte, lernte er ein Judenmädchen kennen, von dem er in seiner Reisebeschreibung mit Achtung spricht. „Als die Stunde beendigt war, küßten mir alle diese Kinder die Hand, zuerst unter den Mädchen eines, das mir schon während des Unterrichtes aufgefallen war. Etwa 13 Jahre alt, hatte es einen sehr edlen Kopfbau und ein schönes, geistreiches Gesicht, wie man es bei einem Taubstummen für unmöglich halten sollte. Auch seine Körperhaltung — es stand meistens — war ungemein frei und edel, ohne daß das Kind es zu wissen oder wollen schien. Sein Auge und seine Aufmerksamkeit, sein anmuthiges Lächeln und lieblicher Mund verbreitete eine eigene Grazie über das ganze Wesen. Ich hatte vorher bei meinem Umhergehen in der Stadt größtentheils bleiche oder verschobene

Gesichter gesehen und auffallend wässerige Augen. Deshalb kam mir der Unterschied jenes Mädchens um so greller vor. Da sagte mir Fr. [der Director] zu meiner Ueberraschung, ohne daß ich gefragt hatte, es sei ein Judenmädchen. Nun wurde mir auch eine Erscheinung während des Religionsunterrichtes erklärlich. Als nämlich Positiv-christliches darin vorkam, wurde das so freudig aufmerksame Mädchen wie zerstreut und versunken in unangenehme Gedanken; es wurde ernst und traurig, offenbar that es ihm in der Seele weh, weil sein verehrter Lehrer ihm Falsches zu lehren schien, oder weil es ihm unerlaubt vorkam, dieser Lehre sein Herz zuzuwenden. Die Eltern schicken es hierher, weil es taubstumm ist, und so bleibt es wie zufällig auch im Religionsunterricht." [144]

13.
#### Die Juden in Oesterreich.

Schon im Jahre 1848 konnte Alban Stolz, wie wir im vorigen Kapitel gehört haben, von der "**Schmach Wiens, seiner Judenwirthschaft**" sprechen und von der dortigen Judendemagogie. "Jedenfalls hat Wien" — so begründet er seinen Ausspruch an einer anderen Stelle [145] — "unter allen aufständischen Städten am tiefsten in Schmach sich gewälzt, indem es wochenlang von einer Handvoll anmaßlicher Judenbuben sich regieren ließ, welche täglich als Redakteure den revolutionären Zeitungsjusel zubereiteten und auch die berühmte Regentenweisheit der akademischen Legion inspirirten —

vergleichbar einem vom Teufel besessenen Esel. — Auch jetzt wieder (1857) soll die Presse in Wien großentheils in den Händen der Beschnittenen sein. Freilich in Sumpfwasser sammeln sich keine Forellen, sondern ganz andere Thierlein." Wenige Jahre später meint A. Stolz, daß der Wiener Gemeinderath vielleicht manches bloß deßhalb thäte, „um Ihrer Gnaden dem Herrn von Israel unterthänigst die Hand zu küssen", und erwähnt, daß in dem großen Spitale von Wieden die armen Kranken einem „Klub von 24 Sanitätskünstlern, wovon 16 leibhaftig beschnittene Juden", überlassen worden seien.[146]) Gegen die immer toller werdende Judenwirthschaft in Oesterreich ließ sich A. Stolz immer kräftiger vernehmen. Im Jahre 1868 schreibt er: „Ein englischer Lord sagte einmal, Oesterreich gehe an der Läusekrankheit der Juden zu Grund. Jetzt wuseln die Juden in Wien, wie die Maden in einem faulen Käs. Es scheint nicht mehr viel zu fehlen, daß der Judenwitz im Gemeinderath und im Reichstage in Wien vollständig die Majorität bekommt. Wenn sie dann im Uebermuthe das Gesetz zu Stand brächten: Der Gleichheit wegen muß jedes in Oesterreich geborene Knäblein ohne Unterschied beschnitten werden" 2c.[147]) Von jener Judenwirthschaft rühre es auch her, daß die Theilnahme für Oesterreich in Deutschland und in der Schweiz stark abgenommen habe. „Das altkatholische Oesterreich, der ehrwürdige Kaiserstaat wird auf einmal närrisch und tanzt und tänzelt, wie ihm die Juden und Zigeuner vorgeigen. Nirgends sonst auf Erden sind die Juden so in die Höhe gekommen, und nirgends sonst ist das katholische Ehrgefühl bei manchen so tief gesunken, als in Oesterreich). Den Judengeifer, womit in so vielen Zeitungen die katholische Kirche angespieen wird, lecken Tausende so gierig alle Tage, wie die Kühe an der feuchten Wand lecken, wo etwas Salziges ist. Ja, was in keinem Land auf Erden noch geschehen ist, das ist in Oesterreich geschehen, daß in einem Jahr gegen 150 ehemalige Christen dem Christenthum abgesagt und sich selber degradirt haben zu förmlichen Juden. Diese abgefaulten Katholiken haben die Lilie der christlichen Religion vertauscht mit dem Knoblauch eines ranzig gewordenen Judenthums.... Deswegen hat Oesterreich im katholischen Deutschland wenig Freunde mehr und wird keine mehr finden, solange die Judenwirthschaft in Wien nicht aufhört. Man kann bei uns sagen hören, Oesterreich sei jetzt eher eine Juden=Großmacht als eine katholische Großmacht." [148]) In Stolz' Tagebuch vom 24. Juli 1871 findet sich folgende Notiz: „Böhmer [sieh S. 40] schreibt im Jahre 1842 an Buchhändler Hurter bezüglich seines Aufenthaltes in Wien (II. B. S. 335): In politischer Beziehung machte ich nicht die erfreulichsten Beobachtungen. Die Armuth des an die Juden verkauften Staates lähmt dort alles." Daran knüpft A. Stolz folgende Sätze: „Wie hat unterdessen das Unkraut des Judenthums Oesterreich überwuchert und ausgezehrt! Selbst die Herren und Gebildeten sind großentheils Geld=Juden geworden. Wien ist der Garten, das Paradies, das Mistbeet des Judenthums; es bilden die Juden das Salz in Oesterreich, insoweit das Salz in einer Wurst zur Sommerzeit allen Saft aufsaugt." Seite 341 aus dem Jahre 1845 schreibt derselbe Böhmer: „Jenes Land ist ganz in den

Händen der Juden, welche, wie die Würmer im Aas, darin krabbeln und daran nagen". Hierzu bemerkt A. Stolz: „Und doch hat dies unglückliche Oesterreich keine geraubten Staaten. Es scheint aber das Laster der Denkfaulheit zu haben."¹⁴⁹)

## 14.
### Die Juden des Orients.

Alban Stolz will es bedünken, daß die Juden im Orient (die abgerechnet, welche aus unseren nördlichen Ländern wieder dorthin zurückgewandert sind) viel schöner seien, als die Juden bei uns. Namentlich sei im Gegensatz mit ihren Stiefbrüdern, den braunen Arabern, der weiße und zarte Teint auffallend, wodurch sich besonders die Juden in Jerusalem auszeichnen.¹⁵⁰) „Die eigentlichen Araber sind [auch] schöne Leute, denen die braune Farbe fast besser steht, als bei uns die weißliche. Sie sind der Bibel nach nicht von so gutem Stamm als die Juden; sie sind aber wenigstens leiblich tüchtiger geblieben, indem sie zwar nicht gesegnet, aber nachher auch nicht verflucht worden sind wie die Juden."¹⁵¹)

Als A. Stolz in Jerusalem war, ging er auch in das Judenquartier. „Es sieht unbeschreiblich unrein aus und stinkt dort über alle Maßen von den Ueberresten geschlachteter Thiere. Selbst die Gassenhunde scheinen nur mit halbem Verdruß an dem vielen Aas herumzuschnobern. Die jüdischen Jünglinge sehen ganz weibisch aus. Sie tragen Pelzmützen (wahrscheinlich aus Galizien eingeführte Mode), und an beiden Seiten des Gesichtes hängt eine sehr lange dünne Haarlocke, gleichsam ein kleiner Zopf herab. Ihre langen bartlosen Gesichter sind sehr weiß mit bleichem Roth, wie Auszehrende. Die Juden in Jerusalem sollen größtentheils bitter arm sein bis zum Hungerleiden. Dafür sind sie aber mit Inbrunst religiös."¹⁵²) Schon früher hatte A. Stolz gehört, daß die Juden in Jerusalem am feurigsten ihrem Glauben ergeben seien. „Vor Kurzem soll sogar der Fall sich ereignet haben, daß ein Christ zum Judenthum übertrat, wie versichert wird, ohne alle zeitlichen Rücksichten, lediglich aus Vorliebe zum alten Testament."¹⁵³) In Nazareth giebt es keine Juden. A. Stolz verweist hierzu auf Steinhart vom Fremersberg, welcher sagt: „Der Teufel fliehet kaum also das heilige Kreuz, wie die Juden das Städtlein Nazareth; sie erkranken auch und sterben alle gar bald darinnen."¹⁵⁴)

---

## 15.
### Der Juden Schicksal, Sehnsucht nach Jerusalem und letzte Bestimmung.

„Die Juden und Türken haben das Gebot, Gott zu lieben; aber sie können nicht, und Gott kann ihrem Herzen nicht das höchste Gut werden."¹⁵⁵) Es fehlt ihnen eben die göttliche Gnade. Israel hatte zwar eine hohe Bestimmung, vereitelte aber alles durch seine Schuld.¹⁵⁶) A. Stolz vergleicht die Juden mit dem Jordan. Dieser „scheint als Naturbild eine Menschen- oder Volksgeschichte abzukonterfeien. Er steigt vom ewigen Eis und Schnee des Libanon, vom 10,000 Fuß hohen

Hermon herab, fließt in den See Genesareth und wieder heraus, steigt dann 1000 Fuß tiefer als irgend ein Fluß in der Welt und geht dann unter im todten Meer, um nirgends mehr zum Vorschein zu kommen. So ist das Judenthum von großer moralischer Höhe, von einem Hermon der Religion, von Abraham aus= gegangen; und das Ende seines Ausganges, wohin jetzt, wie bei keinem Volke der Welt so aus= schließlich, alle Judenseelen abfließen, das ist die Erd= tiefe, das moralisch todte Meer, das Metall: sie gehen fast sämmtlich unter in Geldbe= gierde."[157]) Auch mit Palästina überhaupt werden sie verglichen. „Die Juden sind ihrem Palästina gleich: an der Sonne Jesus Christus sind sie verdorrt und verbrannt."[158]) Und der Ausspruch Christi gilt allen Juden, die es bis zum Ende bleiben: „Ihr werdet mich suchen (nämlich den Messias) und nicht finden und werdet sterben in euren Sünden."[159]) „Die Juden haben nicht geglaubt, was Jesus prophezeit hat [nämlich das Ende Jerusalems]; deswegen haben sie sich beim Ausbruch des Krieges [der Römer gegen sie] nach Je= rusalem geflüchtet, in der Meinung, dort seien sie sicher, und sind so jämmerlich zu Grund gegangen."[160]) „Die Römer kreuzigten so viele Juden vor der Stadt, daß es aussah wie ein Wald von Kreuzen und Juden daran. Aber du wüßtest nichts davon, wenn du es nicht gerade jetzt läsest; es ist vergessen und Niemand kümmert sich, was dieses für Juden waren. Es ist ein schrecklicher Tag gewesen, wo sie das gelitten haben; aber dieser Tag hat ihnen und der Welt nichts gebracht; — denn es war nicht in Gott gethan und nicht in Gott gelitten."[161]) „Und seit dieser

Zeit sind die Juden auf der ganzen Erde zerstreut und haben keine Heimath und kein Vaterland; überall sind sie fremd und verachtet. Bis auf den heutigen Tag aber halten sie auf die Zeit der Zerstörung Jerusalems einen Trauer= und Fasttag."[162]) Daher kommt auch die sprich= wörtliche Redensart: „'rumlaufen wie der ewige Jud."[163])

Von den Judenverbrennungen erwähnt Alban Stolz die von Pösing in Ungarn. „Hier wurde ein ermordetes Christenkind gefunden; die Juden wurden durch die Folter zum Geständniß gebracht, daß sie das Kind ermordet hätten, um Christenblut zu haben. Es heißt nun in der Procedur von 1529: Darauf recht und urteil gefellt, gangen und gesprochen: mit dem feuer die ganz jüdischeit, so daselbst, jung und alt, zu vertilgen. Doch nach ergangem urteil haben die viel= gedachten wolgebornen Herrn und Graven die jungen jüdischen kinder, so unter acht und zehn jare alt, be= gnadt. Welche kinder die Christen zu sich genommen, ausgeteilt und getauft. Aber die alten jüden, Mann, weib, knaben, medelein, bis in die dreißig, hinaus für den Markt zu Pösing, auf einen weiten plaz gefuhrt worden, auf ein feuer gesetzt, und zu pulver ver= prennt."[164]) „Es ist [auch] in der Welthistorie zu lesen, daß man zu verschiedenen Zeiten greulich mit den armen Juden umgegangen ist unter dem Vorgeben, sie hätten die Brunnen vergiftet. Das war [aber] un= gerechter Verdacht."[165]) Wir sehen also, daß A. Stolz die Juden gegen die ihnen zur Last gelegten Brunnen= vergiftungen in Schutz nimmt, während er in der viel= besprochenen Blutfrage seine Meinung nicht deutlich aus= spricht. Er sagt nur, daß die Juden auf der Folter gestanden hätten, das Kind ermordet zu haben, um in den Besitz von Christenblut zu gelangen; über den Werth dieses Geständnisses giebt er aber kein Urtheil ab. — Für Stolz's Auffassung des Verhältnisses Gottes zu den Juden ist noch folgender Ausspruch bemerkenswerth: „Auch auf dem schlechten Christen sonnte einmal das Wohlgefallen Gottes, nämlich auf dem getauften, noch unschuldigen Kinde — auf dem Juden niemals ungetrübt. Gar nicht [daß es auf dem Juden gar nicht gesonnt] möchte ich nicht sagen; denn Christus umarmte die Judenkinder."[166]

Die Juden beten schon seit 1800 Jahren, Gott möge sie wieder in's gelobte Land zurückführen; — aber was hilft es?[167] Und wenn der einzelne Jude es bewerkstelligen kann, zieht er aus fernen Ländern dorthin, wohnt dort und will dort sterben und begraben werden.[168] „Viele Juden aus den verschiedensten Ländern wandern bis auf den heutigen Tag nach Jerusalem, um dort zu sterben und im Thal Josaphat begraben zu werden: theils aus Liebe zum verlorenen Vaterland; theils weil sie meinen, dadurch das Heil ihrer Seele zu sichern..... Auf demselben Wege, wo die Juden den Erlöser hinaufführten, werden sie selber seit Jahrhunderten schon bis auf den heutigen und vielleicht bis zum jüngsten Tag todt herabgetragen. Und in ihren unerlösten Seelen mögen unaufhörlich Gewissensbisse umherkriechen, wie die schwarzen giftigen Tausendfüße auf ihren Gräbern."[169] Außerhalb der Umfangsmauer der Omarsmoschee in Jerusalem, wo einst der Tempel des alten Bundes gestanden, gegen Westen ist ein kleiner Platz, auf dem es den Juden von der türkischen Regie-

rung gestattet ist zu beten. A. Stolz sah hier noch
uralte gewaltige Steine von mehr als doppelter Mannes=
länge, welche nach ihm höchst wahrscheinlich noch von
König Salomon herstammen. „Hier soll es niemals leer
sein von Juden; an Festtagen aber ist der Platz ganz
überfüllt; es ist ihr Klageplatz, wo gleichsam wie ein
ewiges Licht die Klage niemals ausgeht. Hier im An=
gesicht der ehrwürdigen Reste jüdischer Herrlichkeit sitzen
die Juden mit entblößten Füßen, küssen den Boden und
lesen Psalmen und Propheten und sonstige Schriftstellen,
welche sprechen von dem Glanz und der Zerstörung dieser
einst so heiligen Orte. Ich glaube, selbst der ärgste
Judenfeind müßte gerührt und mitleidig werden, wenn
er diese auch sonst so armen Juden seufzen und weinen
sähe bei den letzten verwitterten Steinen aus tausendjähriger
schönerer Vergangenheit. Bei uns sieht man gewöhnlich
am Juden nur das Häßliche.... In Jerusalem wird
man beim Anblick der Juden daran erinnert, daß auch
ein edleres, vor uns gewöhnlich zugedecktes Feuer in
ihnen glüht: die heiße, schmerzliche Liebe zu ihrem
niedergetretenen Vaterland und in Scherben zer=
schlagenen Gottesdienst. Wenn man hier diese ewige
Trauer sieht, so kommt man von selbst zu der Ueber=
zeugung dessen, was Paulus schreibt, daß Gott solche
Treue auch im Irrthum nicht verachten werde, und ganz
Israel noch zur Erkenntniß kommen werde."[170])

Mit der Juden Sehnsucht nach Jerusalem steht
auch in Verbindung ihr Besuch des heiligen Rockes
in Trier. „Es zog sie an, einen Gegenstand zu sehen,
der noch aus der Zeit aufbewahrt ist, wo die jüdische
Nation noch beisammen wohnte in Kanaan, ihr Tempel

noch stand und der Hohepriester das Opfer brachte."[171] A. Stolz erfuhr, daß die Juden Ringe und andere Kleinodien mit dem heiligen Rock in Berührung gebracht hätten; ferner daß ein jüdischer Pferdehändler 6 Karolin zum Opfer dahin geschickt hätte. „Die Juden hätten eine Tradition, daß denen, welche hingerichtet wurden, der Rock über dem linken Aermel zerrissen wurde. Nun fragten sie darüber nach, ob an diesem Rock ein solcher Riß sei, um darnach seine Aechtheit zu beurtheilen; wirklich fand sich nun dieser Riß. Nun gilt ihnen dieser Rock als ein unendlich anziehender Rest aus der Zeit der jüdischen Herrlichkeit, gleichsam als eine abgeschnittene Haarlocke des gestorbenen Vaterlandes und Väterzeit. Es muß so der Anblick dieses Rockes eine tiefe Rührung auch dem Juden verursachen."[172]

Ueber die letzte Bestimmung der Juden haben wir schon A. Stolz' Meinung gehört. Dieselbe spricht sich auch in folgenden Worten aus: „Daß die Juden wirklich aufbewahrt sind für eine vor Gott wichtige Bestimmung, scheint auch der Umstand darzuthun, daß bis auf den heutigen Tag ganz ausgezeichnete Talente unter ihnen aufstehen, was man z. B. von den Arabern nicht sagen kann."[173] Vor der Hand ist es aber noch nichts damit, wie aus dem nächsten Kapitel deutlich hervorgehen wird.

## 16.
### Getaufte und wirklich bekehrte Juden.

Ein Jude, der zum Christenthum übertritt und sich taufen läßt, hat dadurch noch keineswegs aufgehört, ein Jude zu sein. Denn es giebt auch "unwürdig getaufte Juden".[174] So nahmen die Juden in Spanien das Christenthum nur äußerlich an, um die bürgerlichen Vortheile desselben zu genießen. Gegen diese unter Christenmaske verborgenen, heimlichen Juden, welche zugleich dem Staat durch ihre Verbindungen und Macht damals sehr gefährlich waren, war nach Alban Stolz hauptsächlich die Inquisition gerichtet; durch diese wollte man das spanische Land von jenen reinigen.[175] Ohne die Gnade Gottes kann kein Jude zu einem wahren Christen werden. Dies geschieht nur selten, weil fast alle jüdischen Convertiten um zeitlicher Vortheile willen zum Christenthum übertreten. Wie unerschöpflich aber Gott an Liebe ist, zeigt folgendes Beispiel. "Dieser [ein Convertit] war Jude und wurde Christ, um eine Stelle anzutreten, bei welcher die christliche Confession erforderlich ist; nun ist er aber später ein ungemein inniger, wahrer Christ geworden, und so hat Gott die Sünde, eine fremde Religion lügenhaft ergriffen zu haben, mit der höchsten Gnade vergolten".[176] Dieser Fall ereignete sich in Coblenz und ist Alban Stolz dort von einem Bekannten jenes Convertiten mitgetheilt worden. Der Letztere hieß S.... Er ließ sich taufen, um Auscultator werden zu können, und soll einer der eifrigsten Christen geworden sein.[177] Doch das ist ein seltener Ausnahmefall.

Ein noch merkwürdigerer Fall ist die Bekehrung des Juden Ratisbonne, die sich etwa im Jahre 1844 zugetragen hat und damals in Aller Munde war, während sie heutzutage fast vergessen scheint. In Coblenz sah A. Stolz im September des genannten Jahres bei den Buchhändlern das Büchlein von der Bekehrung des Ratisbonne nebst einer angehängten Medaille.[178]) Wie derselbe aus einem Feinde des Christenthums zu einem guten Katholiken bekehrt wurde, das hat A. Stolz in seinem Kalender „Der unendliche Gruß" umständlich erzählt. „Ich will nur eine der wunderbarsten und gewissesten Begebenheiten erzählen," — so heißt es dort, — [179]) „die sich in unserer Zeit mit einem Manne ereignet hat, welcher jetzt noch lebt. In Straßburg wohnte ein sehr reicher Jude Namens Ratisbonne. Die Eltern hatten ihn unterrichten und abrichten lassen in allen Kenntnissen und Künsten, die in der vornehmen Welt etwas gelten. Sein reicher kinderloser Onkel, (versteht sich, auch ein Jude,) hatte ihm Pferde, Kutsche und Geld im größten Ueberfluß geschenkt und wollte ihm zuletzt sein großes reiches Geschäft übertragen. Ratisbonne war zugleich verlobt mit einem Mädchen, wovon er selber sagt, man könne sich keines denken, das sanfter, liebenswürdiger und anmuthiger wäre als seine Braut. Wenn man aber ein wenig die Menschenarten kennt, so weiß man auch, daß so ein Herrenjüngling, der viel Geld hat und frisch und hellauf ist und gar noch eine Verlobte hat, daß dem sein Gehirn meistens zu klein ist, um auch noch Platz zu haben für Religion, selbst wenn er zufälligerweise getauft wäre; wie wird es erst bei dem jungen Judencavalier stehen? An die jüdische Religion glaubte er nicht und die christliche haßte er. Da aber seine Braut erst 16 Jahre alt war, so wurde die Heirath noch aufgeschoben, und er machte eine größere Reise, um sich in der Welt umzusehen; durch ein eigenes Geschick kam er auch nach Rom. Hier wurde sein Haß gegen das Christenthum durch einige Umstände erst noch stärker angeblasen, so daß er nicht genug bekommen konnte, Spott und Lästerungen gegen die katholische Kirche auszusprechen. Da er nun einmal wieder seine gehässigen Spöttereien gegen den christlichen Glauben machte, als ihm ein sehr frommer Herr, Namens Büssières, von Religion redete, kam dieser wie durch Eingebung Gottes auf den seltsamen Gedanken, diesem höhnischen Juden zuzumuthen, er solle die Medaille der heiligen Jungfrau sich anhängen lassen und das Gebet des heiligen Bernhard: „Gedenke" u. s. w. abschreiben und täglich Morgens und Abends beten; Ratisbonne solle auf diese Art selbst probiren, ob etwas an der katholischen Religion sei oder nicht. Nach anfänglichem Auslachen und Weigerung ließ sich Ratisbonne endlich die Medaille und das geschriebene Gebet aufdrängen mit dem Gedanken, er wolle das als eine katholische Lächerlichkeit und als Spaß seiner Braut vorweisen. Ungeachtet er aber in seinem Hohn gegen das Christenthum fortfuhr, kam ihm zuweilen das Gebet in den Sinn, dessen Worte er gegen seinen Willen in der Seele vernahm. Zu derselben Zeit lebte in Rom der ehemalige französische Minister Ferronays. Derselbe war ein äußerst religiöser, tugendhafter Mann; Büssières, der mit ihm gut bekannt war, redete ihm auch von Ratisbonne und bat ihn, für denselben zu beten. Ferronays versprach dieses und sagte freundlich: Ich sage

Dir voraus, der Jude wird sich bekehren. Den anderen Morgen ging Ferronays in die heilige Messe; am Abend desselben Tages starb er ganz plötzlich. Als zwei Tage darauf Büssières in die Kirche St. Andreas gehen wollte, um wegen der Leichenfeierlichkeit für Ferronays etwas anzuordnen, begegnete ihm Ratisbonne auf der Straße. Büssières lud ihn ein zu einer gemeinsamen Spazierfahrt, er möge nur einige Minuten warten, bis er seine Angelegenheit besorgt habe. Während er nun in die Sakristei ging, wollte sich Ratisbonne unterdessen in der nicht großen Kirche umschauen. Als Büssières zurückkam, fand er seinen Begleiter am Eingang einer kleinen Kapelle knieen, das Gesicht auf die Hände gelegt. Büssières redete ihn an und berührte ihn einige Male an den Schultern, bekam aber keine Antwort. Endlich richtete er ihm gewaltsam den Kopf in die Höhe. Da sah er, daß Ratisbonne heftig weinte und die Medaille vielmal küßte. Sein erstes Wort war: „Ach, wie hat dieser Mann für mich gebetet!" Er meinte damit den verstorbenen Ferronays, den er aber nie im Leben gesehen und von dessen Gebet für ihn er nichts gehört hatte. — Als Ratisbonne von seiner heftigen Aufregung sich erholt hatte, erzählte er, in der Kirche sei ihn eine plötzliche Unruhe angekommen, die Kirche sei ihm unsichtbar geworden und nur aus der Kapelle habe ein großer Lichtglanz gestrahlt, und in Mitte des Glanzes die **Jungfrau Maria, groß, leuchtend, voll Majestät und Süßigkeit.** Er sei auf die Kniee niedergefallen, und **auf einmal sei der lebendigste Glaube an die christliche Religion und ein heißes Verlangen, getauft zu werden, in seiner Seele dagewesen.**

Er brauchte später den Ausdruck: Im Augenblick fiel es mir wie eine Binde vom Geistesauge, wie Schnee, Eis und Unrath vor den brennenden Strahlen der Sonne verschwinden; von den Vorurtheilen gegen das Christenthum, die ich von Kindheit an in mich gesogen, war auch keine Spur mehr übrig. Mit dem Anblick jener Erscheinung hatte ich einen Blick in die Gesammtheit der katholischen Wahrheit, obschon ich vorher nie ein katholisches Buch gelesen hatte, und all mein Sinnen und Streben dem Christenthum feindselig gewesen war. — Um es kurz zu sagen: Ratisbonne ließ sich taufen, und da er seine Braut nicht bereden konnte, auch das Christenthum anzunehmen, entsagte er ihr, wurde Priester, führt ein sehr christliches und sehr priesterliches Leben und wendet seither alle Mühe und Eifer an, seine ehemaligen Brüder, die Juden, auch zur Bekehrung zu bringen."

Wir glauben nicht besser schließen zu können als mit dieser Bekehrungsgeschichte, die uns die Macht der allerseligsten Jungfrau Maria so deutlich vor Augen führt, welche selbst einen das Christenthum hassenden Juden zu einem frommen Priester umzuwandeln vermag.

## 17.
### Belegstellen.

1) Kalender für Zeit und Ewigkeit, 1859, S. 26. (Von den Kalendern 1843—47 ist die Octavausgabe, von denen der Jahre 1858—84 die Quartausgabe benutzt worden. Es war nicht nöthig, von jeder Stolz'schen Schrift die neueste Auflage für unsere Arbeit zu benutzen, da A. Stolz an dem einmal Gedruckten nichts Wesentliches zu ändern pflegte.)
2) J. M. Hägele, Alban Stolz, 3. Ausg., 1889, S. 39 u. 41.
3) Kalender 1858, S. 32.
4) Kalender 1846, 9. Aufl., S. 67.
5) Kalender 1843, 9. Aufl., S. 39.
6) Kalender 1884, S. 4.
7) Kalender 1846, S. 53.
8) Kalender 1859, S. 10.
9) Kalender 1847, 9. Aufl., S. 39.
10) Kalender 1858, S. 2.
11) Kalender 1846, S. 31.
12) Kalender 1846, S. 10.
13) Kalender 1858, S. 7.
14) Kalender 1846, S. 42.
15) z. B. Kalender 1845, 9. Aufl., S. 90. — Kleinigkeiten I, 2. Aufl., 1872, S. 66.
16) Kalender 1845, S. 38.
17) Kalender 1873, 3. Aufl, S. 27.
18) Kalender 1881, S. 2.
19) Kleinigkeiten I, S. 353.
20) Kleinigkeiten II, 2. Aufl., 1872, S. 89.
21) Kalender 1859, S. 17.
22) Kalender 1874, S. 11—21.
23) Kalender 1874, S. 21.
24) Kalender 1875, S. 40.
25) Kalender 1881, S. 26.
26) Ebenda, S. 33, und Kalender 1884, S. 14.
27) Kalender 1881, S. 34.

28) Kleinigkeiten II, S. 132.
29) Kalender 1873, S. 19.
30) Kleinigkeiten II, S. 88.
31) Besuch bei Sem, Cham und Japhet, 2. Aufl., 1858, S. 294.
32) Kleinigkeiten I, S. 392, u. II, S. 89. — Kalender 1884, S. 27.
33) Kalender 1846, S. 73
34) Besuch a. a. O. — Kalender 1859, S. 12.
35) Wilder Honig, 2. Aufl., 1886, S. 218.
36) Ebenda, S. 346.
37) Kalender 1874, S. 7.
38) Kalender 1859, S. 12.
39) Kalender 1884, S. 27.
40) Kalender 1846, S. 50.
41) Kalender 1874, S. 22.
42) Kalender 1873, S. 26. Vergl. auch Kleinigkeiten II, S. 128.
43) Kalender 1881, S. 33.
44) Kleinigkeiten II, S. 89.
45) Kleinigkeiten I, S. 392.
46) Kalender 1884, S. 2.
47) Dürre Kräuter 1877, S. 261.
48) Kleinigkeiten II, S. 250.
49) Kleinigkeiten II, S. 129 u. f.
50) Witterungen der Seele, 2. Aufl., 1867, S. 46.
51) Kalender 1874, S. 22.
52) Kleinigkeiten I, S. 15.
53) Kalender 1845, S. 115.
54) Kleinigkeiten I, S. 37.
55) Kleinigkeiten II, S. 107.
56) Kleinigkeiten III, 1887, S 121.
57) Kalender 1845, S. 109.
58) Kalender 1864, S. 27.
59) Wilder Honig, S. 312.
60) Kalender 1847, S. 61.
61) Kalender 1846, S. 24.
62) Wilder Honig, S. 349.
63) Dürre Kräuter, S. 308.
64) Besuch bei Sem, Cham und Japhet, S. 295.

65) Ebenda, S. 490.
66) Kleinigkeiten II, S. 123.
67) Kalender 1874, S. 21.
68) Kalender 1858, S. 30.
69) Ebenda, S. 32.
70) Kalender 1880, S. 15.
71) Dürre Kräuter, S. 187.
72) Kalender 1881, S. 2.
73) Dürre Kräuter, S. 472.
74) Besuch bei Sem, Cham und Japhet, S. 495.
75) Kleinigkeiten I, S. 116.
76) Besuch bei Sem, Cham und Japhet, S. 399. 400.
77) Kalender 1859, S. 23.
78) Kalender 1873, S. 5.
79) Spanisches für die gebildete Welt, 3. Aufl., 1857, S. 285.
80) Besuch bei Sem, Cham und Japhet, S. 404.
81) Kleinigkeiten III, S. 111.
82) Kalender 1874, S. 21.
83) Witterungen der Seele, S. 145.
84) Wilder Honig, S. 415.
85) Kleinigkeiten II, S. 313.
86) Kleinigkeiten I, S. 449.
87) Kalender 1846, S. 97.
88) Hägele, Alban Stolz, S 169.
89) Spanisches für die gebildete Welt, S. 4.
90) Dürre Kräuter, S. 232.
91) Ebenda, S. 163.
92) Wilder Honig, S. 336.
93) Hägele, Alban Stolz, S. 270.
94) P. Norrenberg, Allgemeine Geschichte der Literatur, Münster in Westf., Adolph Russell's Verlag, III. Band, 1884, S. 225 u. f.
95) J. H. Heinrich Schmidt, Die Kunstformen der griechischen Poesie und ihre Bedeutung, III. Band, 1871, Vorwort.
96) J. H. Heinrich Schmidt, Homer als Kenner der Natur und treuer Darsteller (Progr.), 1882, S. 8.
97) Kleinigkeiten 1, S 488.

98) Kleinigkeiten II, S. 284.
99) Kleinigkeiten I, S. 291.
100) P. Norrenberg, Allg. Geschichte der Literatur, III, S. 230.
101) Kleinigkeiten II, S. 294.
102) Spanisches für die gebildete Welt, S. 72.
103) Dürre Kräuter, S. 254.
104) Ebenda, S. 129.
105) Kalender 1874, S. 21.
106) Dürre Kräuter, S. 144.
107) Kalender 1846, S. 72—81.
108) Ebenda, S. 73.
109) Kleinigkeiten I, S. 395.
110) Kalender 1873, S. 26.
111) Kalender 1874, S. 1.
112) Kleinigkeiten II, S. 135.
113) Ebenda, S. 128.
114) Kalender 1879, S. 39.
115) Kleinigkeiten I, S. 67.
116) Kleinigkeiten II, S. 17.
117) Spanisches für die gebildete Welt, S. 298.
118) Kalender 1864, S. 1.
119) Kleinigkeiten I, S. 68.
120) Kalender 1879, S. 39.
121) Kleinigkeiten II, S. 200.
122) Kalender 1847, S. 27.
123) Wilder Honig, S. 291.
124) Kleinigkeiten I, S. 155.
125) Kalender 1847, S. 70.
126) Kalender 1864, S. 4.
127) Kalender 1845, S. 5.
128) Kalender 1858, S. 16.
129) Kalender 1873, S. 29.
130) Kleinigkeiten II, S. 200.
131) Ebenda, S. 128.
132) Kleinigkeiten I, S. 452.
133) Ebenda, S. 482.
134) Kleinigkeiten I, S. 510.

135) Kalender 1864, S. 9.
136) Kleinigkeiten II, S. 313.
137) Kleinigkeiten I, S. 512.
138) Kalender 1864, S. 9.
139) Kleinigkeiten I, S. 509.
140) Ebenda, S. 513.
141) Spanisches für die gebildete Welt, S. 80 u. f.
142) Dürre Kräuter, S. 483.
143) Wilder Honig, S. 567.
144) Besuch bei Sem, Cham und Japhet, S. 16 u. f.
145) Spanisches für die gebildete Welt, S. 406, Anm.
146) Kleinigkeiten I, S. 485.
147) Kleinigkeiten II, S. 84
148) Ebenda, S. 129—130.
149) Dürre Kräuter, S. 169
150) Besuch bei Sem, Cham und Japhet, S. 495.
151) Ebenda, S. 108.
152) Ebenda, S. 295.
153) Ebenda, S. 157.
154) Ebenda, S. 385.
155) Witterungen der Seele, S. 321.
156) Ebenda, S. 499.
157) Besuch bei Sem, Cham und Japhet, S. 342.
158) Ebenda, S. 19.
159) Ebenda, S. 280.
160) Kalender 1847, S. 53.
161) Kalender 1846, S. 109.
162) Kalender 1847, S. 52.
163) Ebenda, S. 74.
164) Spanisches für die gebildete Welt, S. 290.
165) Kalender 1845, S. 101.
166) Wilder Honig, S. 341.
167) Kalender 1858, S. 18.
168) Kalender 1847, S. 64.
169) Besuch bei Sem, Cham und Japhet, S. 279.
170) Ebenda, S. 294.
171) Kleinigkeiten 1, S. 57.

172) Witterungen der Seele, S. 198
173) Wilder Honig, S. 238.
174) Ebenda, S. 359.
175) Spanisches für die gebildete Welt, S. 290.
176) Witterungen der Seele, S. 194.
177) Ebenda, S. 200.
178) Ebenda, S. 194.
179) Kalender 1858, S. 27 u. f.